LEI ORGÂNICA DAS POLÍCIAS CIVIS COMENTADA

Coordenador
Higor Vinicius Nogueira Jorge

LEI ORGÂNICA DAS POLÍCIAS CIVIS COMENTADA

2024

EDITORA JusPODIVM
www.editorajuspodivm.com.br

EDITORA
*Jus*PODIVM
www.editorajuspodivm.com.br

Rua Canuto Saraiva, 131 – Mooca – CEP: 03113-010 – São Paulo – São Paulo
Tel: (11) 3582.5757
• Contato: https://www.editorajuspodivm.com.br/central-de-relacionamento

Diagramação: SBNigri Artes e Textos Ltda

Capa: Ana Caquetti

J82i Jorge, Higor Vinicius Nogueira
Lei Orgânica das Polícias Civis Comentada / Higor Vinicius Nogueira Jorge – São Paulo: Editora JusPodivm, 2024.

224 p.

ISBN: 978-85-442-5286-4

1. Direito Administrativo. I. Jorge, Higor Vinicius Nogueira. II. Título.

CDD 341.43

Bibliotecária responsável:
Ana Carolina Ribeiro Mois – CRB7 – RJ 007348/0

Autores

Fernanda dos Santos Ueda

Doutora e Mestre em Educação pela Universidade de Sorocaba (UNISO). Coordenadora Geral do Centro de Estudos Superiores da Polícia Civil e Coordenadora Adjunta do Grupo de Estudos sobre Gênero e Orientação Sexual da Academia de Polícia "Dr. Coriolano Nogueira Cobra" (ACADEPOL). Professora da Academia de Polícia "Dr. Coriolano Nogueira Cobra" (ACADEPOL). Graduada pela Faculdade de Direito de Bauru da Instituição Toledo de Ensino (ITE). Delegada de Polícia do Estado de São Paulo.

Francini Imene Dias Ibrahin

Doutoranda em Direito pela Pontifícia Universidade Católica de São Paulo – PUC/SP. Mestra em Direito Ambiental e Políticas Públicas pela Universidade Federal do Amapá – AP. Especialista em Direito Administrativo pela PUC/SP. Pós-graduada em Direitos Humanos pelo CEI. Pós-graduada em Inteligência Policial e Segurança Pública pela ESDP/FCA. Autora, coautora e coordenadora de obras jurídicas. Delegada de Polícia no Estado de São Paulo. Instagram: @franciniidi

Higor Vinicius Nogueira Jorge

Delegado de Polícia, mestrando em Educação pela Universidade Estadual do Mato Grosso do Sul – UEMS, professor concursado da Academia de Polícia na Polícia Civil do Estado de São Paulo, titular da cadeira 30 da Academia de Ciências, Artes e Letras dos Delegados de Polícia do Estado de São Paulo e diretor de relações institucionais da Associação dos Delegados de Polícia do Estado de São Paulo (2024/2026). Também é membro da Associação Internacional de Informática Forense (ASIIF), da Associação Internacional de Investigação de Crimes de Alta Tecnologia (Htcia) e da Associação Internacional da Polícia (Ipa – Brasil), além de professor de inteligência cibernética do Ministério da Justiça e Segurança Pública. Apresentou aulas nas pós-graduações das seguintes instituições: MeuCurso, Complexo de Ensino Renato Saraiva (Cers), Escola Brasileira de Direito (Ebradi), Escola Superior de Advocacia da OAB-SP (ESA-OAB/SP – Campinas), WB Educação, Verbo Jurídico, Escola da Magistratura do Estado do Rio de Janeiro (Emerj), Associação dos Diplomados da Escola Superior de Guerra – Campinas e Damásio Educacional. Em 2017, 2018, 2019, 2020, 2021, 2022 e 2023 foi escolhido na categoria "Jurídica" entre os melhores Delegados do Brasil pelo Portal Nacional dos Delegados & Revista da Defesa Social. Autor/coautor de livros sobre direito, tecnologia, investigação criminal tecnológica e educação digital. Possui o site www.higorjorge.com.br e o canal www.youtube.com/hvnj

Joaquim Leitão Júnior

Pós-graduado em Ciências Penais pela rede de ensino Luiz Flávio Gomes (LFG) em parceria com Universidade de Santa Catarina (UNISUL). Pós-graduado em Gestão Municipal pela Universidade do Estado de Mato Grosso – UNEMAT e pela Universidade Aberta do Brasil. Curso de Extensão pela Universidade de São Paulo (USP) de Integração de Competências no Desempenho da Atividade Judiciária com Usuários e Dependentes de Drogas. Colunista do site Justiça e Polícia, coautor de obras jurídicas e autor de artigos jurídicos. Ex-Diretor Adjunto da Academia da Polícia Judiciária Civil do Estado de Mato Grosso. Ex-Assessor Institucional da Polícia Civil de Mato Grosso. Ex-assessor do Tribunal de Justiça de Mato Grosso. Delegado de Polícia no Estado do Mato Grosso e atualmente lotado na unidade desconcentrada do Grupo de Atuação Especial Contra o Crime Organizado (GAECO) de Barra do Garças-MT.

Klisman Barbosa França

Especialista em Direito Penal e Processo Penal pela Faculdade de Direito Damásio de Jesus. Especialista em Direito Público pela Faculdade de Direito Damásio de Jesus. Graduado em Direito pela Universidade Federal de Goiás. Fundador do curso jurídico Delta pra Delta. Professor de cursos preparatórios e pós-graduação. Coautor e organizador de livros jurídicos. Delegado de Polícia Civil no Estado de São Paulo.

Luís Gonzaga da Silva Neto

Mestre em Prestação Jurisdicional e Direitos Humanos pela Escola Superior da Magistratura Tocantinense – ESMAT em parceria com a Universidade Federal do Tocantins – UFT. Mestrando em Gestão de Políticas Públicas pela Universidade Federal do Tocantins – UFT. Especialista em Ciências Criminais pela Pontifícia Universidade Católica de Minas Gerais – PUC/Minas. Especialista em Direito de Polícia Judiciária pela Academia Nacional de Polícia – ANP. Especialista em Política e Gestão em Segurança Pública pela Universidade Federal do Tocantins – UFT. Delegado de Polícia Civil do Estado do Tocantins. Professor da Escola

Superior de Polícia do Tocantins. Professor Universitário e de cursos preparatórios para concursos públicos e Exame da OAB. Escritor. Palestrante.

Rafael Francisco Marcondes de Moraes

Doutor e Mestre em Direito Processual Penal pela Faculdade de Direito da Universidade de São Paulo (USP). Professor da Academia de Polícia "Dr. Coriolano Nogueira Cobra" (ACADEPOL). Graduado pela Faculdade de Direito de Sorocaba (FADI). Pesquisador Associado do Núcleo de Estudos da Violência da Universidade de São Paulo (NEV-USP). Docente e palestrante em cursos de graduação e pós-graduação. Delegado de Polícia do Estado de São Paulo.

Roberto Santos da Silva

Delegado de Polícia. Professor da ACADEPOL-SP. Professor Universitário. Especialista em Teoria e Filosofia do Direito. Especialista em Ciências Criminais e Especialista em Direitos Humanos e Cidadania. Mestrando em Direito da Saúde.

Vagner Bertoli

Doutorando em Ciências Jurídicas pela Universidade Autónoma de Lisboa Luís de Camões- Lisboa/Portugal. Mestre em Direito Constitucional pela Faculdade de Direito de Bauru-SP – Instituição Toledo de Ensino – ITE. Professor da Academia de Polícia Civil de São Paulo. Delegado de Polícia aposentado. Sócio da Sociedade de Advogados Bertoli & Demarquis.

Waldir Antonio Covino Junior

Delegado de Polícia no Estado de São Paulo há 33 anos, professor da Academia de Polícia do Estado de São Paulo há 30 anos, especialista em Direito Penal Econômico e Europeu, pelo Instituto de Direito Penal Econômico e Europeu da Universidade de Coimbra e especialista em Polícia Judiciária e Sistema de Justiça Criminal, pelo Centro de Estudos Superiores da Academia da Polícia Civil do Estado de São Paulo. Atuou no ensino universitário como professor de Direito Penal, de Direito Processual Penal, de Introdução ao Estudo do Direito, na Pontifícia Universidade Católica de São Paulo – PUC, na Universidade Bandeirante de São Paulo – UNIBAN, na Universidade do Grande ABC – UniABC, na Faculdade Tijucussu, na Faculdade Editora Nacional – FAENAC e na FAPAN. Atualmente é Delegado de Polícia Titular da Delegacia Seccional de Polícia de Mogi das Cruzes – Demacro – São Paulo.

Sumário

Introdução

Higor Vinicius Nogueira Jorge

No ano de 1905, foi criada a Polícia Civil de carreira no Estado de São Paulo, instituída pela Lei nº 979, e pode-se afirmar que a transformação da Polícia Civil em uma instituição de carreira foi um imenso avanço na direção da valorização da Instituição.

Conforme os ensinamentos de Hermes Vieira e Oswaldo Silva (1955), em 1904 já estava firmada a ideia da polícia de carreira em São Paulo. Os autores reproduzem um relato interessante de José Cardoso de Almeida, que foi Secretário do Interior e Justiça

> *entre as soluções principais e de que dependem todas as outras, destaca-se a da polícia retributiva, formando uma carreira profissional, com acesso progressivo aos diversos cargos, para a necessária educação do pessoal e seu conveniente tirocínio.*

Ainda, de acordo com eles, em abril de 1905 foi enviada mensagem ao Congresso pelo Presidente do Estado Jorge Tibiriçá que afirmava

> *para melhorar o funcionamento das instituições policiais, urgia estabelecer a polícia de carreira, incumbindo o serviço a pessoal escolhido, de aptidões especiais mediante um regular sistema de promoções, que permitia obter, nos cargos superiores, o concurso de auxiliares experientes, conhecedores, pela prática, de todas as particularidades do importante*

> *ramo da administração pública, destinado a manter a segurança individual e da propriedade.*

De acordo com Agnelo Rodrigues de Melo (1946), outra personalidade de relevo que teve atuação imprescindível na criação da Polícia Civil de carreira foi Antonio de Godói. Para ele

> *além dos predicados de honestidade, inteligência e critério, os funcionários policiais devem possuir dois requisitos que Ottolenghi reputa igualmente indispensáveis: o conhecimento completo dos criminosos e o conhecimento dos processos que as artes e as ciências nos fornecem para o combate à criminalidade. O único meio de que dispomos para a formação de funcionários na altura de sua missão, é facilitarmos a criação de uma carreira policial. Esse resultado somente poderá ser obtido quando a legislação pátria assegurar a estabilidade dos agentes deste ramo administrativo.*

Consoante Guido Fonseca (1995)

> *a denominação polícia de carreira consagrou-se em oposição à chamada polícia leiga composta de cidadãos das mais diferentes profissões e que nada recebiam dos cofres públicos para exercerem tais funções. Em sua maioria eram ligadas à facção política dominante, ou seja, a que estava no poder e por isso eram nomeados e dispensados ao sabor dos interesses desses grupos. Bastava mudar o governo e lá vinha a 'derrubada', ou seja, a queda dos policiais comprometidos com os quais deixavam o poder dando lugar a outros vinculados à facção que assumia.*

De acordo com Bismael Batista de Moraes (1986), os ideais do então Presidente do Estado Jorge Tibiriçá, que nortearam a criação da Polícia Civil de Carreira e serviram de base para iguais medidas em outros Estados da Federação, foram

> *1) incumbir o serviço policial a pessoal escolhido e de aptidão (curso de bacharel em Ciências Jurídicas e Sociais, ou Direito, para Delegados); 2) estabelecer um sistema regular de promoções, permitindo o acesso às classes superiores de pessoal mais habilitado e experimentado; e 3) libertar o poder de polícia das influências políticas e das outras forças estranhas.*

Uma das alterações que acompanharam a Lei nº 979 foi com relação à remuneração. A Lei reestruturou a organização da Polícia e criou seis classes de Delegados. Até referida Lei, eram remunerados apenas o Chefe de Polícia, os dois Delegados auxiliares, os cinco Delegados da Capital, os dois de Santos e Campinas e os nove escrivães que serviam a essas autoridades. Os demais policiais exerciam suas atribuições gratuitamente.

Também foram criados Distritos Policiais servidos por subdelegados e a função de inspetor de quarteirão.

Outra inovação foi a criação do regime de remoção e permutas que só podiam ocorrer entre Delegacias da mesma classe e Delegados de igual categoria, cabendo, entretanto, nos impedimentos não excedentes a 15 dias, serem os Delegados substituídos pelos seus suplentes, na ordem numérica da respectiva nomeação e nos excedentes a esse tempo, por quem o Presidente do Estado nomeasse.

Analisando a criação da Polícia Civil de carreira pela Lei nº 979 e as modificações que esta Lei promoveu no âmbito da Polícia Civil do Estado de São Paulo, podemos concluir que a partir daí a Polícia passou por um processo de aperfeiçoamento, que ocorreu de forma semelhante em inúmeros estados da federal.

Os anos se passaram e as transformações nas estruturas policiais seguiram, refletindo as necessidades crescentes de uma sociedade em constante evolução e incremento da complexidade criminal.

Referido processo evolutivo culminou com a promulgação da Lei Orgânica Nacional das Polícias Civis, instituída pela Lei nº 14.735, de 23 de novembro de 2023, estabelece normas gerais para a estruturação, organização e funcionamento das Polícias Civis em todo o Brasil e objetiva fortalecer a segurança pública, garantir a justiça criminal e proteger os direitos fundamentais por intermédio de uma investigação criminal eficaz.

A obra "Lei Orgânica das Polícias Civis Comentada" oferece uma análise detalhada sobre cada um dos artigos da Lei Orgânica que rege as Polícias Civis em todo o Brasil e, os autores, Delegados de Polícia que, diuturnamente, enfrentam os desafios impostos pela aplicação destas normas, possuem uma perspectiva capaz de enriquecer as reflexões sobre este importante marco legal.

A Lei estabelece as bases para a operacionalidade e a estruturação das Polícias Civis e, não apenas define que são instituições permanentes, com funções exclusivas e típicas de Estado, essenciais à justiça criminal e imprescindíveis à segurança pública e à garantia dos direitos fundamentais no âmbito da investigação criminal, mas também delineia as prerrogativas, garantias, direitos e deveres dos policiais civis, configurando-se como um pilar fundamental para a manutenção da ordem pública e a administração da justiça criminal.

A obra apresenta os princípios que norteiam a atividade policial civil, incluindo a proteção da dignidade humana e dos direitos fundamentais no âmbito da investigação criminal, discrição e preservação do sigilo necessário à efetividade da investigação e à salvaguarda da intimidade das pessoas, hierarquia e disciplina, participação e interação comunitária, resolução pacífica de conflitos, lealdade e ética, busca da verdade real, livre convencimento técnico-jurídico do delegado de polícia, controle de legalidade dos atos policiais civis, uso diferenciado da força para preservação da vida, redução do sofrimento e redução de danos, continuidade investigativa criminal, atuação imparcial na condução da atividade investigativa e de polícia judiciária, política de gestão direcionada à proteção e à valorização dos seus integrantes, unidade de doutrina e uniformidade de procedimento, autonomia, imparcialidade, tecnicidade e cientificidade investigativa, indiciatória, inquisitória, notarial e pericial, essencialidade da investigação policial para a persecução penal, natureza técnica e imparcial das funções de polícia judiciária civil e de apuração de infrações penais, sob a presidência e mediante análise técnico-jurídica do delegado de polícia, identidade de nomenclatura para unidades policiais, serviços e cargos de igual natureza, e transição da gestão da Delegacia-Geral de Polícia Civil, de forma a não prejudicar a continuidade dos serviços.

Pode-se afirmar que o livro não é apenas um recurso para os profissionais da área jurídica e policial, mas também um convite à reflexão para todos aqueles interessados no estudo da segurança pública.

É inegável que esta obra se apresenta não apenas como um recurso valioso para os profissionais das áreas jurídica e policial, mas também como um convite à reflexão para todos os estudiosos e interessados na segurança pública.

Em tempos de constantes transformações e desafios emergentes, a compreensão profunda desta legislação torna-se imprescindível para decifrar como as forças policiais se adaptam e se fortalecem perante as adversidades. A legislação, ao fornecer um marco regulatório robusto, orienta as ações das Polícias Civis, assegurando que operem com eficácia e eficiência na proteção da sociedade.

É imperativo reconhecer que a Polícia Civil transcende a simples função de polícia judiciária e a apuração de infrações penais, conforme disposto no artigo 144, § 4º, da Constituição Federal. Esta instituição deve ser vista como um pilar essencial para a manutenção do Estado Democrático de Direito, comprometida inabalavelmente com a preservação dos direitos e garantias individuais. Sua presença é constante e essencial, seja nos bairros mais nobres das capitais, seja nos rincões mais remotos do interior do país. Sua missão é assegurar a segurança de todos os cidadãos, abrangendo desde empresários, fazendeiros, executivos e políticos, até os mais vulneráveis – pobres, analfabetos, miseráveis ou minorias – que muitas vezes encontram na Polícia Civil a única manifestação do poder estatal em suas vidas.

A relevância da Polícia Civil vai além de seu papel operacional. Ela se destaca como um pilar indispensável na construção e manutenção de uma sociedade justa e segura. É, portanto, crucial que se reconheça e valorize a função vital dessa instituição na promoção da justiça e na defesa dos direitos de todos os cidadãos. A Polícia Civil é, sem dúvida, uma guardiã do Estado de Direito e uma defensora incansável das liberdades individuais, cuja atuação eficaz é fundamental para a coesão e a paz social.

Higor Vinicius Nogueira Jorge

REFERÊNCIAS

- FONSECA, Guido. Arquivos da Polícia Civil de São Paulo, Volume XLV, 1995, Academia de Polícia "Dr. Coriolano Nogueira Cobra", São Paulo, p. 107.
- MELO, Agnelo Rodrigues. Arquivos da Polícia Civil de São Paulo, Volume XII, 2o Semestre, 1946, Academia de Polícia "Dr. Coriolano Nogueira Cobra", São Paulo, p. 219.
- MORAES, Bismael Batista. Direito e Polícia: uma introdução à Polícia Judiciária, São Paulo, Ed. Revista dos Tribunais, 1986, p. 29.
- VIEIRA, Hermes; SILVA, Osvaldo. História da Polícia Civil de São Paulo. São Paulo: Cia Editora Nacional, 1955.

Capítulo I

Disposições Gerais

Joaquim Leitão Júnior

> *Art. 1º As polícias civis, dirigidas por delegado de polícia em atividade e de classe mais elevada nomeado pelos governadores dos Estados e do Distrito Federal, são instituições permanentes, com funções exclusivas e típicas de Estado, essenciais à justiça criminal e imprescindíveis à segurança pública e à garantia dos direitos fundamentais no âmbito da investigação criminal.*
> *Parágrafo único. A função de polícia civil sujeita-se à prestação de serviços em condições adversas de segurança, com risco à vida, de serviços noturnos e a chamados a qualquer hora, inclusive com a realização de diligências em todo o território nacional.*

A Lei nº 4.503, de 2023 (nº 1.949/2007, na Câmara dos Deputados), instituiu a Lei Orgânica Nacional das Polícias Civis, dispondo sobre suas normas gerais de funcionamento e com outras providências, dentre elas destacando que o protagonismo de governança das Polícias Civis será dado pela carreira de delegado de polícia, ou seja, as polícias civis serão dirigidas pelo delegado de polícia de classe mais elevada nomeado pelos governadores dos Estados e do Distrito Federal.

Certamente, essa previsão trará celeuma, uma vez que o Supremo Tribunal Federal tem o entendimento acerca da invalidade[1], ao menos quanto as legislações de regências estaduais, de que essa previsão (de que delegado de polícia de classe mais elevada) nomeado pelos governadores dos Estados e do Distrito Federal é quem governará as polícias civis seria inválida.

A formação de lista tríplice para a escolha do delegado-geral de Polícia Civil não é compatível com a Constituição Federal, porque as forças policiais estão subordinadas ao poder civil (artigo 144, parágrafo 6º). No caso específico, também houve vício de iniciativa legislativa sobre regime jurídico de servidores que é privativa do chefe do Executivo. Ressaltou a jurisprudência da Corte sobre a inconstitucionalidade de norma de iniciativa parlamentar, mesmo que emendas, cuja matéria é reservada à iniciativa

---

1. Por unanimidade, o Supremo Tribunal Federal (STF) invalidou normas do Estado de Rondônia que limitavam a escolha do delegado-geral da Polícia Civil aos integrantes de uma lista tríplice formada pelo Conselho Superior de Polícia. A questão foi objeto da Ação Direta de Inconstitucionalidade (ADI) 6923, apresentada pelo procurador-geral da República, Augusto Aras, e julgada na sessão virtual encerrada em 28/10.

   O artigo 146-A da Constituição rondoniense, incluído pela Emenda Constitucional 118/2016, estabelecia a nomeação do delegado-geral pelo governador dentre os integrantes da carreira de delegado, da última classe, indicado em lista tríplice formada pelo Conselho Superior de Polícia, para mandato de dois anos, permitida uma recondução. Já a Lei Complementar estadual 1.005/2018 dispunha sobre os requisitos para nomeação.

   Iniciativa do governador

   Em voto pela procedência do pedido, o relator da ADI, ministro Edson Fachin, observou que a iniciativa legislativa sobre regime jurídico de servidores é privativa do chefe do Executivo. Ressaltou, também, a jurisprudência da Corte sobre a inconstitucionalidade de norma de iniciativa parlamentar, mesmo que emendas, cuja matéria é reservada à iniciativa privativa do governador do estado.

   Subordinação

   Fachin destacou, ainda, que a formação de lista tríplice para a escolha do delegado-geral de Polícia Civil não é compatível com a Constituição Federal, porque as forças policiais estão subordinadas ao poder civil (artigo 144, parágrafo 6º). Para o relator, essa compreensão não pode ser enfraquecida por mecanismos corporativos (Disponível em: https://portal.stf.jus.br/noticias/verNoticiaDetalhe.asp?idConteudo=497427&ori=1).

privativa do governador do estado. Para o relator, essa compreensão não pode ser enfraquecida.

Por mais que a previsão "lege ferenda" tenha ótimas intenções que o legislador ordinário optou no campo legislativo – entendemos que a Constituição Federal tivesse que ser alterada primeiramente para depois se permitir isso no campo ordinário –, no que toca essa subordinação das Polícias Civis aos Governadores de Estados e do Distrito Federal. Sempre defendemos a autonomia administrativa, orçamentária-financeira e funcional das Polícias Judiciárias, incluindo-se aqui as Polícias Civis e Polícia Federal, a fim de evitar ingerências políticas e tornar instituições mais sólidas e autônomas no Estado Democrático de Direito.

Outro destaque que devemos fazer alusão diz respeito a "mens legis" trazida pelo legislador ordinário, consistente de que as Polícias Civis são instituições permanentes, com funções exclusivas e típicas de Estado, essenciais à justiça criminal e imprescindíveis à segurança pública e à garantia dos direitos fundamentais no âmbito da investigação criminal. Isso reforça a importância das Polícias Civis num quadro permanente de instituições públicas exclusivas e típicas de Estado, com protagonismo na justiça criminal na fase extrajudicial, e com ênfase de suas indispensabilidades na segurança pública com notório preservação as garantias dos direitos fundamentais nas investigações criminais e na manutenção do Estado Democrático de Direito.

> *Art. 2º As polícias civis são integrantes operacionais do Sistema Único de Segurança Pública (Susp) e compõem o sistema de governança da política de segurança pública dos Estados, do Distrito Federal e dos Territórios.*

Outra previsão importante trazida pelo legislador ordinário foi de inserir as polícias civis como integrantes operacionais do Sistema Único de Segurança Pública (Susp) e compõem o sistema de governança da política de segurança pública dos Estados, do Distrito Federal e dos Territórios.

Art. 3º A Lei Orgânica da Polícia Civil de cada Estado, do Distrito Federal e de cada Território, cuja iniciativa cabe ao respectivo governador, deve estabelecer, observadas as normas gerais previstas nesta Lei, regras específicas sobre:

A Lei Orgânica das Polícias Civis trouxe um reforço importante no texto da referida lei, assegurando edição de regras gerais voltadas às Polícias Civis e permitindo-se ao mesmo tempo espaço de legislar em cada Estado, do Distrito Federal e de cada Território, cuja iniciativa cabe ao respectivo governador. Nesse espaço de legislar em cada Estado, do Distrito Federal e de cada Território, a legislação específica estadual, distrital ou territorial deve estabelecer, observadas as normas gerais previstas nesta Lei, regras específicas sobre a estrutura, organização, competências específicas e funcionamento de unidades; requisitos para investidura em cada cargo, com as devidas promoções e progressões; atribuições funcionais de cada cargo; direitos, prerrogativas, garantias, deveres e vedações; Código de Ética e Disciplina; diretrizes para a elaboração da proposta orçamentária.

Por fim, quanto à iniciativa de legislar, devemos alertar que o Supremo Tribunal Federal em seus julgamentos tem sido categórico quanto à iniciativa de alteração de leis referentes as Polícias Civis, asseverando caber esta aos respectivos governadores. Em Ação Direta de Inconstitucionalidade (ADI) 6923 recente isso foi consignado no julgado da aludida Corte Suprema.

I – estrutura, organização, competências específicas e funcionamento de unidades;

Cada Estado, Distrito Federal e Território nesse espaço de legislar ditarão normas específicas, acerca da estrutura, organização, competências específicas e funcionamento de unidades, observadas as regras gerais previstas nesta Lei.

II – requisitos para investidura em cada cargo, com as devidas promoções e progressões;

Cada Estado, Distrito Federal e Território nesse espaço de legislar disporão sobre os requisitos para investidura em cada cargo, com as devidas promoções e progressões, observadas as regras gerais previstas nesta Lei.

III – atribuições funcionais de cada cargo;

Cada Estado, Distrito Federal e Território nesse espaço de legislar regulamentarão as atribuições funcionais de cada cargo, observadas as regras gerais previstas nesta Lei.

IV – direitos, prerrogativas, garantias, deveres e vedações;

Cada Estado, Distrito Federal e Território nesse espaço de legislar disciplinarão a respeito dos direitos, prerrogativas, garantias, deveres e vedações, observadas as regras gerais previstas nesta Lei.

V – Código de Ética e Disciplina;

Cada Estado, Distrito Federal e Território nesse espaço de legislar tratarão sobre o Código de Ética e Disciplina, observadas as regras gerais previstas nesta Lei.

e VI – diretrizes para a elaboração da proposta orçamentária.

Cada Estado, Distrito Federal e Território nesse espaço de legislar disporão sobre as diretrizes para a elaboração da proposta orçamentária, observadas as regras gerais previstas nesta Lei.

> *Parágrafo único. Os entes federativos podem editar suas próprias leis sobre as matérias disciplinadas nesta Lei, de forma suplementar, bem como exercer competência legislativa plena em relação às não disciplinadas, nos termos do inciso XVI do caput e §§ 2º e 3º do art. 24 e do art. 25 da Constituição Federal.*

A Lei Orgânica das Polícias Civis trouxe também a previsão – já desdobramento do próprio texto constitucional – de que os entes federativos podem editar suas próprias leis sobre as matérias disciplinadas nesta Lei, de forma suplementar, bem como exercer competência legislativa plena em relação às não disciplinadas, nos termos do inciso XVI do caput e §§ 2º e 3º do art. 24 e do art. 25 da Constituição Federal.

Embora essa redação ecoando dizeres expressos do texto constitucional não seja usual da técnica legislativa, acreditamos que isso foi inserido pelo legislador ordinário para evitar quaisquer discussões sobre a questão.

Capítulo II

Dos Princípios, das Diretrizes e das Competências

Seção I – Dos Princípios Institucionais Básicos

Art. 4º São princípios institucionais básicos a serem observados pela polícia civil, além de outros previstos em legislação ou regulamentos:

Os princípios constituem a espinha dorsal de qualquer arcabouço normativo. Logo, os princípios constituem a base de quaisquer normatizações e preponderará sobre a regra.

O princípio deve ser aplicado na maior medida do possível.

Já as regras são normas que podem ser cumpridas ou não no caso concreto. Assim, hipoteticamente se uma regra é válida, essa regra deverá fazer exatamente o que ela diz, se tendo a técnica do tudo ou nada.

A única indagação que pode ser realizada quanto à regra é se aquela determinada norma se aplica ou não ao caso concreto.

Numa eventual colidência entre as regras, o afastamento se dá pela cláusula de exceção, ou seja, onde uma tem aplicabilidade, a outra não terá incidência.

I – proteção da dignidade humana e dos direitos fundamentais no âmbito da investigação criminal;

A proteção da dignidade humana e os direitos fundamentais estão elencados na Carta Magna, cujos efeitos já espraiavam no âmbito da investigação criminal, segundo doutrina e jurisprudência pátria.

A dignidade humana é um conceito abstrato e de cunho filosófico que impõe valores atinentes à moralidade, espiritualidade e honra de todo o ser humano que independe de sua condição na situação.

A dignidade da pessoa humana encontra fundamento inicial na Declaração Universal dos Direitos Humanos[1]. Nossa Constituição de 1988 também fez alusão expressa ao dito princípio[2]. A dignidade da pessoa humana é base de qualquer sociedade democrática e significa a plenitude do ser humano a ser respeitada e preservada pela figura do Estado, independentemente da situação que ele esteja inserido.

Por outro lado, os *direitos fundamentais* podem ser conceituados como direitos protetivos, a garantirem o mínimo necessário para que um indivíduo exista de forma digna dentro de uma sociedade. A título exemplificativo, os direitos à educação, alimentação, segurança, trabalho, moradia, saúde dentre outros são exemplos de direitos sociais fundamentais.

---

1. O artigo 1º da Declaração Universal dos Direitos Humanos traz que a igualdade entre as pessoas humanas é primeiro em relação à sua dignidade:

   "Art. 1º Todas as pessoas nascem livres e iguais em dignidade e direitos. São dotadas de razão e consciência e devem agir em relação umas às outras com espírito de fraternidade.

2. O princípio da dignidade humana está expresso no artigo 1º, inciso III, da Constituição Federal:

   "Art. 1º A República Federativa do Brasil, formada pela união indissolúvel dos Estados e Municípios e do Distrito Federal, constitui-se em Estado Democrático de Direito e tem como fundamentos:

Com advento da Lei Orgânica das Polícias Civis, positivou-se essa observância na norma infralegal.

II – discrição e preservação do sigilo necessário à efetividade da investigação e à salvaguarda da intimidade das pessoas;

A discrição é totalmente compatível com a sigilosidade adotada como regra numa investigação criminal-policial. A discrição consiste na qualidade daquilo que não chama atenção. A atividade policial deve primar pela discrição. A preservação do sigilo necessário é a rigor imperativo para efetividade de uma investigação séria e imparcial para salvaguardar a intimidade das pessoas que podem ser expostas com efeitos extremamente nocivos.

III – hierarquia e disciplina;

Dois grandes pilares na atividade policial foram positivados na Lei Orgânica das Polícias Civis, que são: a hierarquia e a disciplina. A hierarquia nesse contexto da Lei Orgânica das Polícias Civis, diz respeito a subordinação administrativa-funcional de um cargo subordinado a um cargo hierarquicamente acima (superior). Já a disciplina consiste no recebimento e aceitação das ordens manifestamente legais emanadas pelo ocupante do cargo superior ao ocupante do cargo subordinado.

IV – participação e interação comunitária;

Outro ponto importante positivado pela novel lei em cartaz foi de inserir as Polícias Civis no seio social, a fim de participar e interagir com a comunidade. A grande maioria das polícias judiciárias dos estados-membros já desempenhava esse importante papel. Disso traz uma proximidade da população para com a polícia, trazendo uma verdadeira simbiose, em que a sociedade colabora com a polícia e a polícia tem mais efetividade na sua autuação, com repressão e combate à criminalidade de maneira mais eficaz.

V – resolução pacífica de conflitos;

As Polícias Civis devem primar pela resolução de conflito de forma pacífica. Obviamente, se possível deve seguir o uso progressivo da força para conter injustas agressões e em sendo necessário até o uso da força letal, em que esse último mecanismo deve ser lançado, a fim de proteger pessoas do bem e a própria dos policiais.

VI – lealdade e ética;

Em termos de lealdade, espera-se nas relações policiais honra e probidade no agir, ou seja, fidelidade aos compromissos assumidos no juramento. No que tange à ética policial, espera-se que o policial aja e tenha comportamento dentro de valores morais de um grupo social ou da sociedade.

VII – busca da verdade real;

Embora criticado pela doutrina que a verdade real seria utopia, uma vez que na recognição dos fatos ocorrido no pretérito, jamais seria possível reproduzir fielmente os acontecimentos. Todavia, a busca da verdade real ou da verdade possível (construção da doutrina contemporânea) sempre deve ser buscada pela polícia, a fim de estabelecer o que de fato sucedeu.

VIII – livre convencimento técnico-jurídico do delegado de polícia;

Comentários: O delegado de polícia dentro da sua consciência, sua autonomia e independência funcional deve se basear no livre convencimento técnico-jurídico, livre de qualquer ingerência política ou de outra ordem sobre sua deliberação.

IX - Vetado

O dispositivo vetado possuía a seguinte redação "IX – controle de legalidade dos atos policiais civis;" Os atos policiais devem-se pautar pela legalidade no Estado Democrático de Direito, assim como os atos dos policiais civis são objetos de controle de legalidade, quer seja no controle interno ou controle externo. Infelizmente, o Poder Executivo entendeu por bem em vetar o aludido dispositivo.

X – uso diferenciado da força para preservação da vida, redução do sofrimento e redução de danos;

Em regra, as Polícias Civis devem primar pela resolução de conflito de forma pacífica. Obviamente, se possível deve seguir o uso progressivo da força para conter injustas agressões e em sendo necessário até o uso da força letal, em que esse último mecanismo deve ser lançado, a fim de proteger pessoas do bem e a própria dos policiais.

XI – continuidade investigativa criminal;

A tarefa precípua das Polícias Civis é de índole investigativa, visando apontar a autoria e materialidade delitiva nas circunstâncias apurada mais próximo da verdade possível. A continuidade investigativa criminal consiste na necessidade de dar prosseguimento às investigações, com diligências e atos de polícia judiciária.

XII – atuação imparcial na condução da atividade investigativa e de polícia judiciária;

Espera-se das Polícias Civis uma atuação imparcial na condução da atividade investigativa e de polícia judiciária. Como a condução de investigação compete ordinariamente O delegado de polícia dentro da sua consciência, sua autonomia e independência funcional deve se basear no livre convencimento técnico-jurídico, livre de qualquer ingerência política ou de outra ordem sobre sua deliberação. Os agentes de polícia e escrivães com subordinação ao delegado de polícia, também devem agir de modo imparcial no desempenho de suas atribuições na atividade investigativa.

> *XIII – política de gestão direcionada à proteção e à valorização dos seus integrantes;*

As Polícias Civis devem ter a política de gestão direcionada à proteção e à valorização dos seus integrantes. A valorização do servidor é uma prática digna de elogio, pois aproxima a instituição com a classes dos servidores. É uma forma da instituição de demonstrar a importância do servidor colaborador e criar identidade de pertencimento para com a instituição. Obviamente, a instituição através da gestão criando essas políticas, inclusive de premiação, trará motivação para aquele servidor que tem senso de pertencimento, onde naturalmente desenvolverá suas atribuições ainda com mais intensidade.

> *XIV – unidade de doutrina e uniformidade de procedimento;*

É de suma importância a unidade de doutrina na forma de exercer as atribuições, a fim de que a instituição da Polícia Civil tenha uma única filosofia policial doutrinária com fundamentos técnicos de cunho teórico-prático nas searas investigativas, de segurança e tático-operacional trarão e se blinde de questionamentos de sua atuação. Logo, a atuação de uma delegacia do interior deverá ser a mesma de uma delegacia da capital com a mesma atribuição. Por outro lado, a uniformidade de procedimento é mais do que necessário, uma vez que cria um padrão procedimental para todos os atos de polícia judiciária serem similares. Sempre a unidade de doutrina e uniformidade de procedimento foram uma das tônicas para evolução das Polícias Civis. Com o advento da Lei Orgânica das Polícias Civis foi dado um grande passo na evolução das Polícias Civis.

XV – Vetado

O dispositivo vetada tinha a seguinte redação: "XV – autonomia, imparcialidade, tecnicidade e cientificidade investigativa, indiciatória, inquisitória, notarial e pericial;" A Lei Orgânica das Polícias Civis deu um grande passo na evolução das Polícias Civis ao instituir a autonomia, imparcialidade, tecnicidade e cientificidade investigativa, indiciatória, inquisitória, notarial e pericial, porém, infelizmente, o Poder Executivo entendeu por bem em vetar o aludido dispositivo. De qualquer forma, teceremos os comentários pertinentes.

Autonomia: no campo da autonomia, por mais que a previsão "lege ferenda" traga essa importantíssima ferramenta que o legislador ordinário optou no campo legislativo, entendemos que a Constituição Federal tivesse que ser alterada primeiramente para depois se permitir isso no campo ordinário para evitar questionamentos. Sempre defendemos a autonomia administrativa, orçamentária-financeira e funcional das Polícias Judiciárias, incluindo-se aqui as Polícias Civis e Polícia Federal, a fim de evitar ingerências políticas e tornar instituições mais sólidas e autônomas no Estado Democrático de Direito.

Imparcialidade: As Polícias Civis são instituições permanentes, com funções exclusivas e típicas de Estado, essenciais à justiça criminal e imprescindíveis à segurança pública e à garantia dos direitos fundamentais no âmbito da investigação criminal. Isso reforça a importância das Polícias Civis num quadro permanente de instituições públicas exclusivas e típicas de Estado, com protagonismo na justiça criminal na fase extrajudicial, e com ênfase de suas indispensabilidades na segurança pública com notória preservação as garantias dos direitos fundamentais nas investigações criminais e na manutenção do Estado Democrático de Direito. Logo, o agir institucional das Polícias Civis com o imperativo da imparcialidade e isenção que já eram tônicas, serão mais do que nunca agora desdobramentos naturais a se aguardar com esse novo quadro positivado.

Tecnicidade: a unidade de doutrina e uniformidade de procedimento com fundamentos técnicos de cunho teórico-prático nas searas investigativas, de segurança e tático-operacional trarão mais avanços a tecnicidade das Polícias Civis. Além disso, com cursos de formações mais condizentes com as atribuições e com cursos de capacitações continuadas, a tendência é de cada vez mais termos a tecnicidade conferida às Polícias Civis.

Temos que "virar a chave" para termos em mente um novo modelo que atenda esses anseios, onde em nossa percepção seria a investigação e repressão qualificada.

A tônica da investigação ou repressão qualificada deve ter como foco, o trinômio de se prender qualitativamente mais pessoas, com maior brevidade dos atos e por tempo de aprisionamento maior dentro do prisma da qualidade das provas técnicas.

Em verdade, a investigação ou repressão qualificada deve ter em mente a especialização (expertise) dos seus atores (Delegado de Polícia com a sua equipe de investigação) e unidade policial, com a qualidade das provas técnicas, em regra.

Posto isso, podemos conceituar a investigação ou repressão qualificada como sendo aquela que demanda especialização maior dos atores envolvidos e na produção de acervo de provas técnicas e de elementos informativos de cunho técnico que dão sustentação a uma investigação policial imparcial e isenta, seja para apontar a autoria e materialidade delitiva nas circunstâncias apuradas ou para assegurar o aspecto das liberdades do investigado, sob o prisma bidirecional.

Entra em cena a investigação policial qualificada como novo paradigma de atos de polícia judiciária para o aprimoramento das investigações criminais e os desafios do futuro.

Cientificidade investigativa: a investigação cada vez mais com o auxílio de outros ramos vai ganhando espaço, inclusive no campo teórico. Cada vez mais deverá ser empregada a cientificidade no campo investigativo, a fim de amealhar elementos informativos e elementos probatórios numa investigação qualificada.

Indiciatória: a investigação dentro do caráter bidirecional, se estiverem presentes os indícios de autoria e materialidade delitiva deve ser feita o indiciamento formal do investigado. De outro lado, caso não estejam presentes os indícios de autoria e materialidade delitiva o não indiciamento deve ser feito de forma clara, assim como também o desindiciamento em hipóteses excepcionais de sobrevir provas ou elementos informativos que deixem claro que aquela pessoa inicialmente indiciada não deveria ter sido. A isso se denomina a capacidade indiciatória.

Inquisitória: Por mais que a inquisitoriedade na investigação tenha sido mitigada, ainda prevalece.

Notarial: a capacidade notarial por mais que estivesse insitamente atrelada aos atos cartorários policiais dentre outros, agora está revestida em lei. Em outras palavras, os atos das Polícias Civis terão a índole notarial no campo da investigação. Em termos práticos, isso permitirá com maior razão transcrever atos similares ao notarial dentro das investigações.

Pericial: a capacidade pericial é outro atributo às Polícias Civis no campo da investigação. Embora em alguns estados das unidades federativas, a Polícia Científica esteja desvinculada administrativamente das Polícias Civis, na grande maioria ela ainda está vinculada às Polícias Civis.

> *XVI – essencialidade da investigação policial para a persecução penal;*

A essencialidade da investigação policial para a persecução penal cada vez mais resta demonstrada, seja do aspecto quantitativo, quer seja do aspecto qualitativo. Além disso, trazendo para a prática com emprego da investigação ou repressão qualificada, a investigação policial ganhará uma releitura e uma ressignificação impactante na sua essencialidade dentro da persecução penal.

> *XVII – natureza técnica e imparcial das funções de polícia judiciária civil e de apuração de infrações penais, sob a presidência e mediante análise técnico-jurídica do delegado de polícia;*

Desde o advento da Lei 12.830/2013 ficou evidente quanto a natureza técnica que as funções de polícia judiciária civil e da apuração de infrações penais restaria sob a batuta da presidência do delegado de polícia, mediante análise técnico-jurídica motivada e justificada dentro da sua independência e autonomia funcional.

A título exemplificativo, a Lei Complementar Estadual (Mato Grosso) n.º 405, de 30 de junho de 2010, assegura expressamente a autonomia e a independência ao Delegado de Polícia do Estado de Mato Grosso no exercício de suas atribuições, *in verbis*:

> *"Dispõe sobre a Organização e o Estatuto da Polícia Judiciária Civil do Estado de Mato Grosso e dá outras providências.*
>
> *Art. 195. O Delegado de Polícia tem autonomia e independência no exercício das funções de seu cargo. Art. 196. O Delegado de Polícia goza do mesmo tratamento dispensado às demais carreiras jurídicas".*

O Delegado de Polícia – assim como nas carreiras do Ministério Público, Magistratura, Advocacia Pública e correlatas – não pode agir como verdadeiro protótipo da robótica, conferindo automaticidade a toda situação aparentemente que lhe é apresentada, que pode permear ou não um caminho ou outro caminho a ser trilhado.

Nesse ponto, o Delegado de Polícia, de forma motivada como exigem o direito administrativo, a Lei n.º 12.830/2013, assim como agora a nova Lei Orgânica das Polícias Civis e outros diplomas legais, deve deliberar, consignando seu entendimento nas situações lhe apresentada.

Em suma, como se pode observar, a isso também se convenciona denominar de discricionariedade motivada ou fundamentada em sua deliberação.

No que tange quanto a natureza imparcial, as Polícias Civis são instituições permanentes, com funções exclusivas e típicas de Estado, essenciais à justiça criminal e imprescindíveis à segurança pública e à garantia dos direitos fundamentais no âmbito da investigação criminal. Isso reforça a importância das Polícias Civis num quadro permanente de instituições públicas exclusivas e típicas de Estado, com protagonismo na justiça criminal na fase extrajudicial, e com ênfase de suas indispensabilidades na segurança pública com notória preservação as garantias dos direitos fundamentais nas investigações criminais e na manutenção do Estado Democrático de Direito. Logo, o agir institucional das Polícias Civis com o imperativo da imparcialidade e isenção que já eram tônicas, serão mais do que nunca agora desdobramentos naturais a se aguardar com esse novo quadro positivado.

Tudo isso falado acima está atrelado a natureza técnica e imparcial das funções de polícia judiciária civil e de apuração de infrações penais.

> *XVIII – identidade de nomenclatura para unidades policiais, serviços e cargos de igual natureza; e*

Em que pese o próprio Conselho Nacional dos Chefes das Polícias Civis (CONCPC) ter dado um passo na mesma direção quanto à padronização de identidade visual, assim como de nomenclatura para unidades policiais, serviços e cargos de igual natureza, a Lei Orgânica das Polícias Civis deu um grande passo em ação visionária, trazendo a uniformização e padronização das unidades policiais, serviços e cargos de igual natureza. A nossa sugestão aqui também seria a positivação infralegal da inclusão da identidade visual das Polícias Civis na Lei Orgânica das Polícias Civis. Sem sombras de dúvidas, isso dará maior visibilidade das Polícias Civis à população em geral no acesso ao serviço que, não confundirá as denominações que modificavam de acordo com cada estado-membro.

> *XIX – transição da gestão da Delegacia-Geral da Polícia Civil, de forma a não prejudicar a continuidade dos serviços.*

A Lei Orgânica das Polícias Civis contemplou outro importante mecanismo, consistente na transição da gestão da Delegacia-Geral da Polícia Civil, de forma a não prejudicar a continuidade dos serviços.

É sabido que infelizmente no seio das instituições policiais civis, assim como qualquer instituição integrada por ser humano, acabam por constituírem-se em grupos internos que estão no poder e outros que não estão no poder. De outro vértice, não é raro que esses grupos alternem no poder e possam ascender à gestão e outro grupo perdedor possa criar obstáculos na transição.

Com isso, a Lei Orgânica das Polícias Civis acaba por criar um ambiente institucional propício e de interesse primário em que a instituição, na teoria deva ser sempre a finalidade precípua, deixando interesses secundários dos grupos de lado na eventual transição da gestão da Delegacia-Geral da Polícia Civil, de forma a não prejudicar a continuidade dos serviços.

Seção II – Das Diretrizes

> *Art. 5º São diretrizes a serem observadas pela polícia civil, além de outras previstas em legislação ou regulamentos:*

O dispositivo em questão fixa as diretrizes a serem observadas pela polícia civil, além de outras previstas em legislação ou regulamentos.

Essas diretrizes criam um norte a ser seguido pelas polícias civis.

> *I – planejamento e distribuição do efetivo policial, por resolução do Conselho Superior de Polícia Civil, proporcionalmente ao número de habitantes, à extensão territorial e aos índices de criminalidade da circunscrição;*

Com objetivo de profissionalizar e planejar melhor a lotação do efetivo, a Lei Orgânica impôs um planejamento e distribuição do efetivo policial, por resolução do Conselho Superior de Polícia Civil, proporcionalmente ao número de habitantes, à extensão territorial e aos índices de criminalidade da circunscrição. Isso visa corrigir e ajustar distorções de lotações nas Polícias Civis.

> *II – observância de caráter técnico, científico e jurídico na análise criminal da investigação policial;*

Como já dito em linhas pretéritas quanto ao tecnicismo e cientificidade da investigação policial é necessária a observância dessas especificidades assim como o caráter jurídico na análise criminal da investigação policial, a fim de conferir higidez e mais qualidade e credibilidade nos resultados.

> *III – promoção da produção de conhecimento sobre segurança pública com base técnica e científica;*

A Lei Orgânica da Polícias Civis de um grande passo em preconizar a promoção da produção de conhecimento sobre segurança pública com base técnica e científica, prestigiando aqueles que buscam e produzem conhecimento sobre segurança pública. Sem dúvidas, caso essa previsão legal seja observada na prática, a tendência é uma elevação natural dos níveis na produção de conhecimento acerca de segurança pública jamais vistos, acarretando melhorias e impactos extraordinários.

> *IV – atuação especializada e qualificada direcionada à eficiência na repressão e na apuração das infrações penais;*

Como já sublinhado, não se pode perder de margem a tônica da investigação ou repressão qualificada deve ter como foco, o trinômio de se prender qualitativamente mais pessoas, com maior brevidade dos atos e por tempo de aprisionamento maior dentro do prisma da qualidade das provas técnicas.

Sustentamos que a investigação ou repressão qualificada deve ter em vista a especialização (expertise) dos seus atores (Delegado de Polícia com a sua equipe de investigação) e unidade policial especializada, com a qualidade na produção de elementos informativos e das provas técnicas, em regra.

Dessa feita, uma equipe ou unidade especializada em investigações de crimes patrimoniais tende a produzir resultados melhores nesse nicho de criminalidade. Equipe e/ou unidade especializada em investigações de crimes de homicídios tende a produzir resultados melhores nesse nicho de criminalidade. Equipe e/ou unidade especializada em investigações de crimes de organizações criminosas tende a produzir resultados melhores nesse nicho de criminalidade. Equipe e/ou unidade especializada em investigações de crimes contra a administração pública tende a produzir resultados melhores nesse nicho de criminalidade. Equipe e/ou unidade especializada em investigações de crimes de violência doméstica tende a produzir resultados melhores nesse nicho de criminalidade e assim por diante.

Assim, para as equipes de unidades policiais especializadas a investigação ou repressão qualificada é produzida normalmente, uma vez que os policiais por si só já desempenham essas expertises no cotidiano.

O problema reside nas unidades policiais gerais, as quais competem investigar todas as infrações penais.

A saída para unidades policiais gerais é criarem núcleos de equipes para cada nicho de criminalidade para capacitarem os policiais, a fim de desempenharem essas expertises em cada nicho da criminalidade.

Posto isso, podemos conceituar a investigação ou repressão qualificada como sendo aquela que demanda especialização maior dos atores envolvidos e na produção de acervo de provas técnicas e de elementos informativos de cunho técnico que dão sustentação a uma investigação policial imparcial e isenta, seja para apontar a autoria e materialidade delitiva nas circunstâncias apuradas ou para assegurar o aspecto das liberdades do investigado, sob o prisma bidirecional.

Entra em cena a investigação policial qualificada como novo paradigma de atos de polícia judiciária para o aprimoramento das investigações criminais e os desafios do futuro, mormente os crimes cibernéticos.

Para isso, também faz-se necessário investimentos[3] para capacitar e especializar a força de trabalho para determinados nichos de investigações, a fim de conferir expertise, qualidade e agilidade nos atos de polícia judiciária.

Não quer se dizer que as diligências de campo perderam a importância, muito pelo contrário, pois continuam sendo

---

3. Além de não se descurar de conferir autonomia administrativa, financeira e funcional (gerencial) às Polícias Judiciárias.

fundamentais, porém ao mesmo tempo, a migração da criminalidade para os meios virtuais vai exigir recrutamentos mesclados do efetivo das forças policiais.

> *V – ênfase na repressão qualificada aos crimes hediondos e equiparados, à corrupção, à lavagem de dinheiro, ao tráfico de drogas, ao crime organizado, aos crimes cibernéticos e aos crimes contra a vida, a administração pública e a liberdade;*

Nos valendo de tudo que foi gizado no item anterior quanto as investigações/repressões qualificadas, aqui esses modelos de investigações devem ser voltados aos crimes hediondos e equiparados, à corrupção, à lavagem de dinheiro, ao tráfico de drogas, ao crime organizado, aos crimes cibernéticos e aos crimes contra a vida, a administração pública e a liberdade.

> *VI – cooperação e compartilhamento das experiências entre os órgãos de segurança pública, mediante instrumentos próprios, na forma da lei;*

Não se concebe mais trabalharmos em ilhas, máxime na segurança pública. Devemos cada vez mais nos valermos da cooperação e compartilhamento das experiências entre os órgãos de segurança pública, mediante instrumentos próprios, na forma da lei. A Lei Orgânica das Polícias Civis deu um grande passo nesse ponto.

> *VII – integração ao sistema de segurança pública com instituição de mecanismos de governança;*

A Lei Orgânica das Polícias Civis reverberou a finalidade da *Lei nº 13.675, de 11 de junho de 2018,* que instituiu o Sistema Único de Segurança Pública (Susp) e cria a Política Nacional de Segurança Pública e Defesa Social (PNSPDS). A integração é uma das forças de segurança é realidade sem volta no enfrentamento à criminalidade.

> *VIII – gestão da proteção e compartilhamento de seus bancos de dados e demais sistemas de informação;*

A Lei Orgânica das Polícias Civis antenada com Lei Geral de Proteção de Dados e preocupada com a sensibilidade na proteção dos dados, reverberou a preocupação constante na Lei Geral de Proteção de Dados e na *Lei nº 13.675, de 11 de junho de 2018,* que instituiu o Sistema Único de Segurança Pública (Susp) e cria a Política Nacional de Segurança Pública e Defesa Social (PNS-PDS) para o compartilhamento de dados e demais sistemas de informações.

> *IX – constituição e proteção da sua base de dados unificada por unidade da Federação, em conformidade com graus de sigilos estabelecidos pela instituição;* (O presente inciso foi vetado pelo presidente da república)

A Lei Orgânica das Polícias Civis antenada com Lei Geral de Proteção de Dados e Lei de Acesso de Informações e preocupada com a sensibilidade na proteção dos dados, reverberou a preocupação constante dessas assegurando os graus de sigilos fixados pela respetiva Polícia Civil.

> *X – utilização dos meios tecnológicos disponíveis e atualização e melhorias permanentes das metodologias de trabalho, para aprimoramento nos processos de investigação;*

Outra diretriz adotada pela Lei Orgânica das Polícias Civis foi empregar os meios tecnológicos disponíveis e atualização e melhorias permanentes das metodologias de trabalho, para aprimoramento nos processos de investigação.

> *XI – atendimento imediato e permanente ao cidadão e à sociedade;*

O cartão postal de qualquer instituição que se preze é recepcionar e atender prontamente qualquer cidadão que comparece para buscar seus serviços. A Lei Orgânica das Polícias Civis ao prever isso como diretriz deixa claro que as Polícias Civis devem conferir acesso e atendimento imediato de qualquer cidadão que venha a procurar seus serviços.

> *XII – planejamento estratégico e sistêmico;*

A instituição que se preza deve trabalhar no presente, olhando para o passado e planejando o futuro sob o ponto de vista estratégica e sistêmico, a fim de não perder as oportunidades e ganhar cada vez mais espaços institucionais. A Lei Orgânica das Polícias Civis ao estabelecer o planejamento estratégico e sistêmico evidencia essa diretriz importante.

> *XIII – cooperação com a sociedade e com os órgãos do sistema de segurança pública e de justiça criminal;*

Como diretriz foi fixada a cooperação com a sociedade e com os órgãos do sistema de segurança pública e de justiça criminal. A sociedade é o elo para aproximar as forças de segurança de pública e de justiça criminal. Logo, ações policiais regulares de polícia judiciária e ações estratégicas devem ser implementadas visando essa aproximação.

> *XIV – padronização da doutrina, dos procedimentos operacionais, formais e administrativos, da comunicação social e da identidade visual e funcional (O presente inciso foi vetado pelo Presidente da República);*

É de suma importância a padronização da unidade de doutrina de procedimentos operacionais, formais e administrativos na forma de exercer as atribuições, a fim de que a instituição da Polícia Civil tenha uma única ação doutrinária com fundamentos técnicos de cunho teórico-prático nas searas investigativas, de segurança e tático-operacional para se profissionalizar e blindar sua atuação. Logo, a atuação de uma delegacia do interior deverá ser a mesma de uma delegacia da capital com a mesma atribuição. O mesmo se dá com relação à comunicação social e da identidade visual e funcional.

> *XV – publicidade dos atos de polícia judiciária e investigativa, nos diversos meios de comunicação disponíveis, ressalvados os casos em que o sigilo da informação seja imprescindível à segurança da sociedade e ao bom andamento dos trabalhos policiais;* ***(Vetado)***

A Lei Orgânica das Polícias Civis trouxe como regra a publicidade dos atos de polícia judiciária e investigativa, nos diversos meios de comunicação disponíveis, ressalvados os casos em que o sigilo da informação seja imprescindível à segurança da sociedade e ao bom andamento dos trabalhos policiais.

> *XVI – fomento à divulgação, de caráter educativo ou informativo, por todos os seus integrantes, das missões, das atribuições e dos valores da polícia civil, a fim de promover aproximação com a população, observado, em quaisquer situações, o decoro na exposição de emblemas, brasões, patrimônio ou insígnias institucionais;*

A Lei Orgânica das Polícias Civis preconizou o fomento à divulgação, de caráter educativo ou informativo, por todos os seus integrantes, das missões, das atribuições e dos valores da polícia civil, a fim de promover aproximação com a população, observado, em quaisquer situações, o decoro na exposição de emblemas, brasões, patrimônio ou insígnias institucionais. Além disso, a atividade de Polícia Comunitária será essencial para essa aproximação.

> *XVII – instituição de programas e de projetos vinculados às políticas públicas e aos planos nacional e estadual de segurança pública, no âmbito de suas competências;*

A Lei Orgânica das Polícias Civis trouxe como diretriz a criação de programas e de projetos vinculados às políticas públicas e aos planos nacional e estadual de segurança pública, no âmbito de suas competências.

> *XVIII – capacitação profissional continuada, integrada e isonômica, com os custos sob a responsabilidade do órgão policial;*

A Lei Orgânica das Polícias Civis abraçou a ideia de prestigiar o conhecimento na área de segurança pública com base técnica e científica, assim como da capacitação profissional continuada, integrada e isonômica, com os custos sob a responsabilidade do órgão policial como diretriz às Polícias Civis.

> *XIX – atuação direcionada à identificação e à recuperação de bens, valores e direitos;*

Nesse vértice, a Lei Orgânica das Polícias Civis seguindo já a tônica de inúmeras instituições policiais civis adotou como diretriz uma atuação direcionada à identificação e à recuperação de bens, valores e direitos. Com a identificação, recuperação de bens, valores e direitos se inviabiliza ou reduz a capacidade de operar da criminalidade. É importante asfixiar a criminalidade, mormente a criminalidade organizada e o tráfico de drogas, criando obstáculos para que continuem operando criminosamente.

XX – avaliação anual de desempenho individual e de produtividade institucional;

A Lei Orgânica das Polícias Civis dando cumprimento ao comando constitucional reverbera aqui a necessidade de diretrizes quanto à avaliação anual de desempenho individual e de produtividade institucional, visando quantificar o desempenho individual e institucional.

e XXI – edição de atos administrativos normativos no âmbito de suas atribuições constitucionais e legais.

As atividades policiais que não estejam previstas constitucionalmente ou legalmente em lei, devem ser objetos da edição de atos administrativos normativos no âmbito de suas atribuições constitucionais e legais para se evitar questionamentos e respaldar as ações policiais. A Lei Orgânica das Polícias Civis trouxe inovação importante a fim de as instituições lançarem mão de atos administrativos normativos no âmbito de suas atribuições constitucionais e legais, conferindo maior segurança jurídica na atividade policial.

Seção III – Das Competências

Rafael Francisco Marcondes de Moraes

Fernanda dos Santos Ueda

Art. 6º Compete à Polícia Civil, ressalvadas a competência da União e as infrações penais militares, executar privativamente as funções de polícia judiciária civil e de apuração de infrações penais, a serem materializadas em inquérito policial ou em outro procedimento de investigação, e, especificamente:

I – cumprir mandados de prisão, mandados de busca e apreensão e demais medidas cautelares, bem como ordens judiciais expedidas no interesse da investigação criminal;

II – garantir a preservação dos locais de ocorrência da infração penal e controlar o acesso de pessoas a eles, sem prejuízo da atuação de outros órgãos policiais, no âmbito de suas atribuições legais, nas situações de flagrante delito;

III – organizar e executar os serviços de identificação civil e criminal;

IV – organizar e executar a atividade pericial oficial, se o órgão central de perícia oficial de natureza criminal estiver integrado em sua estrutura;

V – garantir a adequada coleta, a preservação e a integridade da cadeia de custódia de dados, informações e materiais que constituam insumos, indícios ou provas;

VI – produzir, difundir, planejar, orientar, coordenar, supervisionar e executar ações de inteligência e de contrainteligência destinadas à execução e ao acompanhamento de assuntos de segurança pública, da polícia judiciária civil e de apuração de infração penal, de forma a subsidiar ações para prever, prevenir e neutralizar ilícitos e ameaças de qualquer natureza que possam afetar a ordem pública e a incolumidade das pessoas e do patrimônio, na esfera de sua competência, observados os direitos e as garantias individuais;

VII – realizar inspeções, correições e demais atos de controle interno, em caráter ordinário e extraordinário;

VIII – organizar e realizar tratamento de dados e pesquisas jurídicas, técnicas e científicas relacionadas às funções de investigação criminal e de apuração das infrações penais, além de outras que sejam relevantes para o exercício de suas atribuições legais;

IX – estimular o processo de integração dos bancos de dados existentes no âmbito do poder público e dele participar, preservando as informações sujeitas a sigilo legal, classificadas na forma do art. 23 da Lei nº 12.527, de 18 de novembro de

2011 (Lei de Acesso à Informação), ou que interessarem à apuração criminal;

X – apoiar, contribuir e cooperar com o Poder Judiciário e com o Ministério Público, mediante acordos de cooperação mútua, nos limites de suas competências constitucionais e legais;

XI – participar do planejamento das políticas públicas e desenvolver políticas de repressão qualificada às infrações penais;

XII – exercer o poder hierárquico e o poder disciplinar;

XIII – atuar de forma cooperada com outros órgãos de segurança pública, nos limites de suas competências constitucionais e legais;

XIV – custodiar o policial civil condenado ou preso provisório à disposição da autoridade competente, na hipótese de ausência de unidade de custódia de caráter exclusivo, por meio de órgão próprio e na forma da lei;

XV – produzir, na forma da lei e no âmbito das atribuições dos cargos, relatórios de interesse da apuração penal, recognição visuográfica e laudo investigativo;

XVI – produzir, na forma da lei, laudo de exame pericial, elaborado por perito oficial criminal, se o órgão central de perícia oficial de natureza criminal estiver integrado na estrutura das polícias civis;

XVII – selecionar, formar e desenvolver as atividades de educação continuada dos seus servidores, em seus órgãos de ensino ou instituições congêneres, na forma prevista em lei;

XVIII – exercer outras atribuições previstas na legislação, obedecidos os limites e a capacidade de auto-organização dos Estados, do Distrito Federal, dos Territórios e dos Municípios, decorrentes do art. 144 da Constituição Federal;

XIX – fiscalizar, avaliar e auditar os contratos, os convênios e as despesas efetivadas no âmbito da instituição;

XX – vistoriar e fiscalizar produtos controlados e emitir alvarás no âmbito de suas competências constitucionais e legais;

XXI – prestar suporte técnico aos órgãos de controle;

XXII – estabelecer assessorias técnicas, funcionais e institucionais de relacionamento com os demais órgãos e poderes;

XXIII – administrar privativamente as tecnologias da instituição, tais como sistemas, aplicações, aplicativos, bancos de dados, sítios na rede mundial de computadores, rede lógica, segurança da informação, entre outros recursos de suporte;

XXIV – exercer todas as prerrogativas inerentes ao poder de polícia judiciária e de apuração das infrações penais para o cumprimento de suas missões e finalidades;

XXV – participar do planejamento e da elaboração das políticas públicas, dos planos, dos programas, dos projetos, das ações e das suas avaliações que envolvam a atuação conjunta entre os órgãos de segurança pública ou de persecução penal, observadas as respectivas competências constitucionais e legais;

XXVI – exercer outras funções relacionadas às suas finalidades, obedecidos os limites e a capacidade de auto-organização do respectivo ente federativo, decorrentes de suas competências constitucionais e legais; e

XXVII – executar com autonomia, imparcialidade, técnica e cientificidade os seus atos procedimentais no âmbito das atribuições dos respectivos cargos.

§ 1º As atribuições relativas às competências da polícia civil são exercidas exclusivamente por policiais civis em atividade, na forma da lei.

§ 2º É admitida a celebração de convênios, de acordos de cooperação técnica, de ajustes ou de instrumentos congêneres com órgãos ou entidades públicas e privadas nacionais ou estrangeiras para a execução e o aperfeiçoamento de suas atividades, com inclusão, de forma paritária, de representantes de todos os cargos policiais, ressalvadas as atribuições próprias de cada cargo.

O **artigo 6º** da **Lei Federal nº 14.735/2023** veicula um rol composto por vinte e sete incisos com atribuições cuja execução é privativa das Polícias Civis.

O ***caput*** do dispositivo, em complemento ao comando do parágrafo 4º do artigo 144 da Constituição Federal, estipula competir privativamente às Polícias Civis executar as funções de polícia judiciária civil e de apuração de infrações penais, a serem materializadas em inquérito policial ou em outro procedimento investigatório criminal.

Nesse contexto, embora a expressão **polícia judiciária** em sua acepção genuína e em sentido amplo inclua o policiamento investigativo, ela refere-se a uma atividade que se inicia após a ocorrência de um fato potencialmente ilícito penal, com o objetivo de realizar a investigação criminal por meio dos procedimentos previstos em lei para essa finalidade, concretizados no inquérito policial ou no termo circunstanciado, este último voltado para a apuração das infrações de menor potencial ofensivo. Tais procedimentos investigatórios previstos em lei têm como objetivo comprovar a materialidade do delito e, consequentemente, identificar a respectiva autoria, visando à justa responsabilização penal do indivíduo.

Não se ignora que, contrariando expressas disposições constitucionais e legais e seus próprios precedentes, o Supremo Tribunal Federal (STF), ao julgar a Ação Direta de Inconstitucionalidade nº 5.637 (j. 04/03/2022 a 11/03/2022) e, em conjunto, as Ações Diretas de Inconstitucionalidade nº 6.245 e nº 6.264 (j.10/02/2023 a 17/02/2023), sustentou, em síntese, que o termo circunstanciado supostamente não teria função investigativa e não seria atribuição privativa de polícia judiciária, consentindo com a elaboração por agentes do policiamento preventivo. Aludida guinada de visão da Suprema Corte brasileira, além de desalinhar a escorreita atuação estatal e dificultar uma melhor integração entre os órgãos do sistema de Segurança Pública e Justiça Criminal, gera duas categorias de termo circunstanciado. De um lado, o **termo circunstanciado próprio** ou **autêntico**, procedimento legal determinado por Autoridade de Polícia Judiciária (Delegado de Polícia), mediante prévia análise e decisão técnico-jurídica, instruído com diligências investigatórias (apreensões, oitivas, reconhecimentos, requisições de perícias, de informações, de documentos, de dados etc.), sob um regime jurídico processual penal com observância das garantias do devido processo e da correspondente devida investigação criminal. De outro lado, surge um **termo circunstanciado impróprio** ou **anômalo**, um mero registro em formulário padronizado de notícia de fato supostamente ilícito de menor potencial ofensivo (*notitia criminis*), preenchido por agente do policiamento ostensivo e preventivo, constando somente dados dos envolvidos com anotações superficiais de entrevistas informais[4].

Registra-se que o conteúdo clássico da expressão **polícia judiciária** encontra-se sintetizado no Enunciado nº 1, do I Seminário Integrado da Polícia Judiciária da União e do Estado de São Paulo – Repercussões da Lei 12.830/13 na Investigação Criminal, realizado na Academia de Polícia de São Paulo[5]:

> *A expressão polícia judiciária designa o complexo de atividades exercidas pelas Polícias Civil e Federal, tendentes à apuração de autoria, materialidade e demais circunstâncias das infrações penais comuns, à execução do policiamento preventivo especializado e ao desempenho de funções típicas de auxílio amplo à prestação jurisdicional penal, sempre sob direção e responsabilidade do Delegado de Polícia.*

---

4. MORAES, Rafael Francisco Marcondes de. *Prisão em flagrante delito constitucional.* 4. ed. Salvador, Juspodivm, 2023, p. 279-290.

5. Evento realizado na Academia de Polícia "Dr. Coriolano Nogueira Cobra" (ACADEPOL), em 26 de setembro de 2013. Anota-se que não se olvida de opinião que propõe pretensa distinção entre as funções de polícia judiciária (em sentido estrito) e de polícia investigativa, segundo a qual a primeira estaria restrita ao auxílio à prestação jurisdicional criminal, enquanto a segunda retrataria a atividade de apuração de infrações penais.

Em relação às ressalvas apontadas no *caput* do artigo 6º em comento, a competência da União denota as atribuições da Polícia Federal, consistentes, na essência, em apurar ilícitos penais contra a ordem política e social ou em detrimento de bens, serviços e interesses da União ou de suas entidades autárquicas e empresas públicas, assim como outras infrações cuja prática tenha repercussão interestadual ou internacional e exija repressão uniforme, incluindo a repressão ao tráfico ilícito de entorpecentes e drogas afins, o contrabando e o descaminho, em consonância com o parágrafo 1º, do artigo 144, da Constituição Federal, complementado pela Lei Federal nº 10.446/2002.

No que tange às infrações penais militares, relacionam-se às atribuições de investigação criminal incumbidas à Justiça Castrense e previstas no Código Penal Militar (Decreto-lei nº 1.001/1969)[6].

6. Anota-se que a Lei Federal nº 13.491/2017, alterou o Código Penal Militar (CPM), a pretexto de estabelecer a Justiça Militar para situações envolvendo homicídios cometidos por militares das Forças Armadas (Exército, Marinha e Aeronáutica), conferiu polêmico novo texto ao inciso II do artigo 9º do diploma e passou a considerar crimes militares em tempo de paz, além dos delitos previstos no CPM, como estipulava a redação anterior, também aqueles previstos "na legislação penal", dando margem a uma indevida interpretação ampliativa da competência da Justiça Militar para julgar os demais delitos não previstos no CPM (até então exclusivos da Justiça Comum). Citada modificação legislativa tem gerado críticas e sido considerada grave retrocesso, por revelar militarização da política, da Segurança Pública e da Justiça, na contramão da tendência internacional de restringir as atribuições de Justiças Militares, sobretudo por serem compostas majoritariamente por juízes não de direito e civis mas oficiais milicianos (julgando seus pares), violando a imparcialidade, o juiz natural e o tratamento isonômico entre particulares e agentes estatais, na medida em que decidirão sobre fatos criminosos como tortura e abuso de autoridade entre tantos outros perpetrados por militares e mormente por policiais militares contra civis. De qualquer modo, um filtro constitucional e convencional e uma interpretação conforme a Carta Magna do dispositivo modificado impõe restringir à Justiça Militar os fatos que ofendam bens jurídicos concernentes à administração castrense, razão pela qual

O **inciso I** do **artigo 6º**, corrobora e aprofunda disposições como do artigo 13, inciso III, do Código de Processo Penal, e busca consolidar abordagem constitucional da etapa extrajudicial do processo penal, ao estabelecer para atribuição privativa das Polícias Civis o cumprimento de ordens judiciais afetas a medidas cautelares de quaisquer naturezas (pessoais, patrimoniais ou probatórias), notadamente mandados prisionais e mandados de buscas domiciliares.

Diante da imposição legal, torna-se juridicamente descabida a condescendência com expedientes oriundos de órgãos de policiamento ostensivo e patrulhamento preventivo como a Polícia Militar ou a Polícia Rodoviária Federal voltados à ilegítima concessão de mandados de prisão e de busca domiciliar ou mesmo a execução direta por tais corporações de ordens judiciais no interesse de investigações da Justiça Criminal comum, ainda que oriundas de pedidos formulados por outros órgãos como os de acusação estatal, porquanto revelam desvio e usurpação

---

foi ajuizada a Ação Direta de Inconstitucionalidade 5.804 em face da citada Lei 13.491/2017. LOPES JUNIOR, Aury. Lei 13.491/17 fez muito mais do que retirar os militares do tribunal do júri. *Revista Consultor Jurídico*, São Paulo, 20 out. 2017; MACHADO, Leonardo Marcondes. Lei 13.491/2017: o Brasil na contramão da democracia e dos direitos humanos. *Boletim do Instituto Brasileiro de Ciências Criminais (IBCCRIM)*. Ano 25, nº 300, novembro/2017, p. 7-8; HOFFMANN, Henrique; BARBOSA, Ruchester Marreiros. Ampliação de competência militar é inconstitucional e inconvencional. *Revista Consultor Jurídico*, São Paulo, 28 nov. 2017. Nesse sentido também se encontra a Resolução nº 2, de 8 de novembro de 2017, do Conselho Nacional dos Chefes de Polícia Civil (CONCPC), que assim resolve em seu artigo 1º: "Considerar atribuição da Polícia Civil e da Polícia Federal, segundo o caso, investigar os crimes dolosos contra a vida e os crimes previstos na legislação comum praticados por militares contra civis, sendo de competência da Justiça Militar Estadual somente os crimes expressamente previstos no Código Penal Militar, quando praticados em serviço ou em razão deste". Há ainda a Súmula nº 172, do STJ, que assim dispõe: "Compete À Justiça Comum processar e julgar militar por crime de abuso de autoridade, ainda que praticado em serviço".

de funções das instituições de polícia judiciária (Polícia Civil e Polícia Federal) e em manifesto descompasso com os comandos constitucionais e legais[7], a provocar disfuncionalidades contrárias à almejada atuação integrada entre as instituições públicas no sistema de segurança pública e justiça criminal.

O **inciso II** do **artigo 6º** da Lei Orgânica Nacional das Polícias Civis reforça as previsões do Código de Processo Penal de preservação dos locais de suspeita de prática delituosa para viabilizar a requisição pelo Delegado de Polícia do respectivo exame pericial (CPP, artigos 6º, inciso I, e 169).

O dispositivo ainda dispõe que os outros órgãos, sobretudo os de patrulhamento ostensivo como as Polícias Militares e as Guardas Municipais e principalmente nas suspeitas de estado flagrancial delitivo, devem sempre atuar e assegurar a preservação do local, com integração e pronta comunicação às Polícias Civis, inclusive porque tais agentes do policiamento preventivo também são legalmente responsáveis por referida providência, em especial para garantir a higidez da cadeia de custódia (CPP, artigo 158-A, §§ 1º e 2º).

O **inciso III** do **artigo 6º** da Lei Federal nº 14.735/2023, ao conferir como atribuição privativa das Polícias Civis organizar e executar os serviços de identificação civil e criminal referenda a importância de tais funções na investigação policial e na gestão da identificação humana. Destaca-se pelo processo dactiloscópico o modo a individualizar as pessoas envolvidas e também viabilizar

7. PINHEIRO, Luciana Peixoto. A violação do Estado Democrático de Direito pela concessão de mandado de busca domiciliar à Polícia Militar em crimes da Justiça Comum. In: IBRAHIN, Francini Imene Dias; BELIATO, Araceli Martins (org.). *Direito policial:* temas atuais. Salvador: JusPodivm, 2021, p. 321-356; COSTA, Adriano Sousa; COSTA, Fabio; ARAÚJO, João Campos; LATERZA, Rodolfo Queiroz. *Lei Orgânica Nacional das Polícias Civis Comentada*. São Paulo: JusPodivm, 2024, p. 113.

esclarecimentos de fatos delituosos por meio da papiloscopia, assim como a prestação célere de tantos serviços públicos correlatos como na apuração de desaparecimentos, identificação de cadáveres, crimes patrimoniais e tantos outros.

O **inciso IV** do **artigo 6º** em comento dispõe sobre a organização e execução da atividade pericial oficial na estrutura das Polícias Civis. Há exceção nos Estados que optarem por constituir órgãos periciais não policiais, como Institutos Gerais de Perícia ou nomenclaturas similares. Neste ponto é importante destacar que a autonomia funcional, técnica e científica dos peritos criminais, prevista na Lei Federal nº 12.030/2009 (artigo 2º) e na própria Lei Orgânica Nacional das Polícias Civis (artigo 28) não sofre qualquer prejuízo diante da vinculação dos órgãos periciais e de seus agentes como policiais civis. Ademais, a expressão "polícia técnico-científica", por vezes empregada para se aludir à função pericial criminal, representa na realidade uma atividade complementar e integrante da atividade principal de polícia judiciária (em sentido amplo), na função própria de fornecer subsídios técnicos de áreas de conhecimentos diversos para a investigação policial. Não constitui, propriamente, um órgão policial, inclusive por ausência de previsão constitucional. Logo, ou a perícia criminal integra a Polícia Civil (e a Polícia Federal no âmbito da União) e seus agentes figuram como policiais civis, ou passa a constituir órgão autônomo e não policial, de modo que seus agentes, não devem ser legalmente considerados policiais.

O **inciso V** do **artigo 6º** em estudo complementa a preservação do local prevista no inciso II do mesmo dispositivo, ao dispor sobre a garantia de adequada coleta, preservação e integridade da cadeia de custódia de dados, informações e materiais que constituam insumos, indícios ou provas.

A produção probatória busca preservar a integridade probatória com o propósito de garantia de fidelidade entre a prova e o fato reconstruído[8]. Além de viabilizar a escorreita cadeia de custódia de vestígios e provas materiais, expressa no Código de Processo Penal (artigos 158-A a 158-F), cada vez mais tem se discutido na literatura jurídica também a necessidade de adequada coleta e preservação das chamadas provas dependentes da memória (oitivas e reconhecimentos de pessoas), por meio do emprego de técnicas de entrevista investigativa[9].

Ademais, há previsão na Portaria nº 82 da Secretaria Nacional de Segurança Pública que identifica a cadeia de custódia em duas fases, a externa e interna. A externa iniciada pela preservação do local do crime até o encaminhamento dos objetos ao órgão pericial. Por sua vez, a fase interna começa com a manipulação do objeto pelo órgão pericial e encerra-se com a expedição do laudo e do vestígio à central de custódia para posterior descarte.

No **inciso VI**, do **artigo 6º** da Lei Orgânica Nacional das Polícias Civis, o legislador consagra a atividade de inteligência no âmbito das instituições estaduais de polícia judiciária, com atribuição para a produção, difusão, planejamento, orientação,

---

8. BADARÓ, Gustavo Henrique. *Processo Penal*. São Paulo: Revista dos Tribunais, 2023.

9. ÁVILA, Gustavo Noronha de; BORRI, Luiz Antonio. A cadeia de custódia da prova penal dependente da memória: diálogos entre a psicologia do testemunho e a dogmática processual penal. In: SCHIETTI, Rogerio (coord.). *Coletânea reflexões sobre o reconhecimento de pessoas:* caminhos para o aprimoramento do sistema de justiça criminal. Brasília: Conselho Nacional de Justiça, 2022, p. 59-61; ROCHA, Jorge Bheron; FERNANDES, Lara Teles. Pode-se falar de cadeia de custódia da prova testemunhal? In: SCHIETTI, Rogerio (Coord.). *Coletânea reflexões sobre o reconhecimento de pessoas:* caminhos para o aprimoramento do sistema de justiça criminal. Brasília: Conselho Nacional de Justiça, 2022, p. 103; RANGEL, Carlos Eduardo de Araújo. Provas dependentes da memória: contribuições da psicologia do testemunho na atividade de investigação criminal. In: IBRAHIN, Francini Imene Dias; LEITÃO JR., Joaquim; CARVALHO, Tristão Antonio Borborema de (Org.). *Prova e polícia judiciária*. Leme: Mizuno, 2022, p. 102.

coordenação, supervisão e execução de ações de inteligência e contrainteligência, para acompanhar assuntos de segurança pública e da investigação policial de modo a subsidiar tomadas de decisões voltadas a prever, prevenir e neutralizar ameaças e práticas ilegais que possam abalar a ordem pública e a incolumidade de bens jurídicos;

O dispositivo alinha-se à previsão da Lei Federal nº 9.883/1999, que institui o Sistema Brasileiro de Inteligência e dispõe que as Unidades da Federação poderão compor aludido sistema mediante ajustes específicos e convênios e é complementado pelo artigo 14 da própria Lei Federal nº 14.735/2023, que elenca unidades de inteligência da Polícia Civil.

O **inciso VII** do **artigo 6º** em tela veicula as ações próprias de atividades correcionais das Polícias Civis, para o regular controle interno, tanto nas denominadas correições ordinárias, realizadas com frequência previamente estabelecidas, quando nas correições extraordinárias para situações pontuais de suspeitas de irregularidades envolvendo determinadas unidades ou agentes.

O dispositivo está interligado com o artigo 10 da própria Lei Orgânica Nacional das Polícias Civis, que trata da Corregedoria-Geral da Polícia Civil, dotada de autonomia para a prática dos atos de controle interno, correição, orientação e zelo pela qualidade e avaliação do serviço de policiamento investigativo, tanto para infrações funcionais quanto penais perpetradas por policiais civis.

No **inciso VIII** do ora comentado **artigo 6º**, a Lei Orgânica Nacional das Polícias Civis estabelece como atribuição a organização e realização do tratamento de dados e pesquisas jurídicas, técnicas e científicas afetas à atividade de polícia judiciária em sentido amplo, com redação legal que emprego fórmula genérica que permite outros estudos relevantes para o exercício das funções constitucionais e legais da instituição.

Neste dispositivo há fomento à produção doutrinária pelas instituições estaduais de polícia judiciária, com destaque para as respectivas Escolas ou Academias de Polícia, que devem empenhar esforços na promoção permanente de estudos, atualizações, eventos, publicações e desenvolvimento de literatura própria sobre os assuntos atrelados a todas as áreas de atuação da Polícia Civil, inclusive a partir do oferecimento de cursos de pós-graduação e da valorização ao engajamento acadêmico dos corpos docente e discente.

Acompanhando exemplo da comunidade acadêmica internacional, as Ciências Policiais ingressaram no rol das ciências estudadas no Brasil a partir do Parecer do Conselho Nacional de Educação nº 945-2019[10]. Os conhecimentos envolvidos são interdisciplinares, de modo a consubstanciar área do saber fundamental para construção da política de segurança pública estatal.

Já o **inciso IX** do **artigo 6º** cuida da participação e do estímulo à integração dos bancos de dados do Poder Público, com ressalvas à classificações e limites conferidos pela Lei de Acesso à Informação (Lei Federal nº 12.527/2011), que em seu artigo 23 considera imprescindíveis à segurança da sociedade ou do Estado e passíveis de classificação informações cuja divulgação ou acesso irrestrito possam colocar em risco a defesa e a soberania nacionais ou a integridade do território nacional; prejudicar ou pôr em risco em risco negociações ou relações internacionais do país, ou as que tenham sido fornecidas em caráter sigiloso por outros Estados e organismos internacionais; pôr em risco a vida, a segurança ou a saúde da população; oferecer elevado risco à

10. BRASIL, 2019. Conselho Nacional de Educação. *Parecer CNE/CES nº 945/2019.* Rel. Luiz Roberto Liza Curi. 2019, homologado e publicado no Diário Oficial da União de 9 de junho de 2020, seção 1, p. 22. Disponível em: http://portal.mec.gov.br/docman/dezembro-2019-pdf/132881-pces945-19/file. Acesso em: 26 abr.2024.

estabilidade financeira, econômica ou monetária do País; prejudicar ou causar risco a planos ou operações estratégicos das Forças Armadas; prejudicar ou causar risco a projetos de pesquisa e desenvolvimento científico ou tecnológico, assim como a sistemas, bens, instalações ou áreas de interesse estratégico nacional; pôr em risco a segurança de instituições ou de altas autoridades nacionais ou estrangeiras e seus familiares; ou comprometer atividades de inteligência, bem como de investigação ou fiscalização em andamento, relacionadas com a prevenção ou repressão de ilícitos.

O dispositivo se relaciona também com o compartilhamento de dados previsto na Lei Federal nº 13.675/2018, que instituiu o Sistema Único de Segurança Pública (SUSP) e prevê que o compartilhamento de informações entre as instituições públicas será preferencialmente por meio eletrônico, com acesso recíproco aos bancos de dados (artigo 10), o que não significa que o compartilhamento seja totalmente democratizado e irrestrito[11].

O **inciso X** do **artigo 6º** em análise prevê o apoio, a contribuição e cooperação das Polícias Civis com o Poder Judiciário e com os órgãos de acusação estatal, por intermédio de acordos de cooperação mútua, nos limites da divisão de atribuições próprias estipuladas na Constituição Federal e na legislação. Assim, afasta qualquer subordinação ou vinculação funcional entre referidos órgãos públicos, alinhando-se ao disposto na Lei do Sistema Único de Segurança Pública (Lei Federal nº 13.675/2018, artigo 5º, XVI), que prevê como diretriz a colaboração das instituições policiais com as corporações judiciais e ministeriais assim como com as Defensorias Públicas na elaboração de estratégias e metas

11. COSTA, Adriano Sousa; COSTA, Fabio; ARAÚJO, João Campos; LATERZA, Rodolfo Queiroz. *Lei Orgânica Nacional das Polícias Civis Comentada*. São Paulo: JusPodivm, 2024, p. 130.

para alcançar os objetivos da Política Nacional de Segurança Pública e Defesa Social[12].

No **inciso XI**, do ora em estudo **artigo 6º**, a Lei Orgânica Nacional prevê a participação das Polícias Civis no planejamento de políticas públicas e no desenvolvimento de políticas de repressão qualificada às infrações penais.

Já no **inciso XXV** do mesmo dispositivo, também há previsão da participação em políticas públicas, mas sob uma perspectiva de atuação conjunta com demais instituições integrantes do sistema de segurança pública e justiça criminal, sempre obedecendo a repartição constituição e legal de atribuições de cada órgão.

O **inciso XII** do **artigo 6º** impõe o exercício do poder hierárquico e do poder disciplinar no âmbito das Polícias Civis.

Anota-se que a hierarquia entre os Delegados de Polícia limita-se ao poder de gestão afeto à organização administrativa do serviço prestado, sem ingerência sobre a autonomia funcional retratada pela liberdade intelectual na interpretação do ordenamento para a tomada de decisões e entendimentos técnico-jurídicos fundamentados na presidência de investigações criminais, inerente ao regular exercício das funções de cada Delegado de Polícia[13], prerrogativa assegurada expressamente na Lei Orgânica Nacional das Polícias Civis, no artigo 26, parágrafo único, corroborado pelo artigo 4º, incisos VIII (livre convencimento

---

12. COSTA, Adriano Sousa; COSTA, Fabio; ARAÚJO, João Campos; LATERZA, Rodolfo Queiroz. *Lei Orgânica Nacional das Polícias Civis Comentada*. São Paulo: JusPodivm, 2024, p. 131.
13. MORAES, Rafael Francisco Marcondes de; LESSA, Marcelo de Lima. Autonomia funcional (independência técnico-jurídica) do delegado de polícia. In: BRENE, Cleyson; SANNINI, Francisco (org.). *Por que as polícias fracassam?*. Leme: Mizuno, 2024, p. 80-85.

técnico-jurídico do delegado de polícia) e XVII (análise técnico-jurídica do delegado de polícia).

No **inciso XIII** do **artigo 6º**, há reforço à esperada cooperação entre as instituições de segurança pública, mais uma vez ressalvando os limites da repartição de poderes e funções definidas na Constituição Federal, em especial nas manifestas distinções entre o dever de prevenção de práticas delituosas do policiamento preventivo e de apuração pelo policiamento investigativo dos fatos criminosos não evitados.

O **inciso XIV** do **artigo 6º** da Lei Orgânica Nacional das Polícias Civis veicula previsão relacionada à custódia de policiais civis presos, para viabilizar a integridade e dignidade dos servidores quando se encontrarem encarcerados. Logo, a policial civil preso deve ficar em unidade prisional própria ou, na inexistência, em ambiente sob responsabilidade da instituição, para evitar os manifestos riscos da inserção de tais agentes públicos com o restante da população carcerária.

A seu turno, o **inciso XV** do **artigo 6º** da Lei Federal nº 14.735/2023 trata da produção de relatórios de interesse da apuração penal, e cita ainda a recognição visuográfica e o laudo investigativo.

Os **relatórios de interesse da apuração penal** ou **relatórios de investigação** consistem em documentos como regra elaborados por agentes do Delegado de Polícia e a partir de ordens deste emanadas, notadamente como resposta e cumprimento às denominadas Ordens de Serviço[14], destinadas à realização de diligên-

14. Consoante artigo 209 da Consolidação das Normas de Serviço da Polícia Judiciária do Estado de São Paulo (Portaria DGP-26/2023, anexo), a ordem de serviço, iniciativa exclusiva do Delegado de Polícia competente, tem por finalidades legitimar ações dos policiais civis designados para a realização de operações ou diligências policiais; estabelecer parâmetros, facilitar o planejamento e a execução das operações ou diligências policiais;

cias investigativas na apuração de suspeitas de ilícitos penais. Tais relatórios de investigação não se confundem com o relatório final do inquérito policial, previsto no artigo 10, § 1º, do Código de Processo Penal (Decreto-lei nº 3.689/1941) e no artigo 52, inciso I, da Lei Federal nº 11.343/2006 (Lei Antidrogas), documento este de elaboração exclusiva do Delegado de Polícia enquanto autoridade presidente do procedimento investigatório, no qual deve exarar seu entendimento técnico-jurídico fundamentado e demais circunstâncias relevantes na apuração do fato objeto da investigação criminal[15].

A Lei Orgânica Nacional das Polícias Civis, conforme disposto em seus artigos 19, II, 27 e 38, concentra as diversas nomenclaturas ainda existentes dos agentes do Delegado de Polícia, como Escrivães de Polícia, Agentes Policiais, Agentes de Telecomunicações Policiais e Papiloscopistas, por intermédio da criação de uma única carreira, sob a designação Oficial Investigador de Polícia, com atribuições apuratórias, cartorárias, procedimentais,

---

designar policial civil encarregado e integrantes da equipe incumbidos de determinada missão; estabelecer a data de início e a previsão de término da diligência e informar os dados conhecidos e necessários ao cumprimento da diligência. Após realização das diligências determinadas, será elaborado relatório de investigação no qual constarão o resultado, as providências adotadas e as eventualmente necessárias e, em caso de prisão, nome, qualificação e endereço do preso, local, hora e motivo da prisão, valores, objetos, drogas ou armas eventualmente apreendidas e demais dados relevantes.

15. Na Polícia Civil do Estado de São Paulo, o relatório final do inquérito policial, sob responsabilidade do Delegado de Polícia é previsto na Consolidação das Normas de Serviço da Polícia Judiciária (Portaria DGP-26/2023, anexo), em seu artigo 137, com a seguinte redação: Concluídas e/ou esgotadas as providências para esclarecimento do fato perquirido, suas circunstâncias e respectiva autoria, o Delegado de Polícia fará minucioso relatório do que tiver sido apurado, detalhando os meios empregados, as técnicas utilizadas, as perícias requisitadas e as diligências efetuadas, bem com, as razões de fato e de direito que fundamentam o seu convencimento sobre o resultado da investigação.

de obtenção de dados, de operações de inteligência e de execução de ações investigativas, sob determinação ou coordenação do Delegado de Polícia, assegurada atuação técnica e científica de tais servidores.

A seu turno, a **recognição visuográfica** consubstancia neologismo com significado de reconhecimento por meio visual do objeto pesquisado e traduzido graficamente, documento como regra elaborado e relacionado à vistoria profissional do local de um fato delituoso, em especial de um homicídio, retratada em uma anamnese do evento criminoso, descrita, esquematizada e ilustrada fotograficamente[16] (ou por vídeo em versões mais modernas da era digital).

Considera-se a **recognição visuográfica** uma semente da futura e correlata investigação policial, depois de observação cuidadosa do local, levando-se em consideração o seu dinamismo e praticidade. Contém informações sobre local, hora, dia do fato e da semana como também condições climáticas então existentes, além de acrescentar subsídios amealhados junto às testemunhas e pessoas que tenham ciência dos acontecimentos. Também é composta por minuciosa observação sobre o cadáver, identidade, possíveis hábitos, características comportamentais tratadas a partir de saberes da vitimologia, além de croqui descritivo. O objetivo consiste de tais informações sejam somadas a outros subsídios e trasladados para o bojo da recognição visuográfica do local de crime. Frisa-se que o documento não se confunde e não possui as limitações objetivas de um laudo pericial, portanto o policial civil pesquisador também se vale de sua experiência e da militância profissional, a ser avaliada e verificada a partir da formulação de hipóteses de como os fatos ocorreram, com adequada aplicação

16. DESGUALDO, Marco Antonio. *Recognição visuográfica e a lógica na investigação criminal*. São Paulo: Delegacia Geral de Polícia, 2006.

de raciocínios indutivos, dedutivos, abdutivos e analógicos[17], que indicarão o caminho a ser trilhado com maior segurança.

Já a expressão **laudo investigativo** representa documento que dá suporte para texto contendo parecer técnico[18] de profissional de polícia investigativa. Pode compreender resultado da análise técnica e científica de materiais que demandem conhecimentos específicos e que não se confundam com exames periciais, como, a título de exemplo, a análise de impressões digitais coletadas, com base nas técnicas de papiloscopia, ou a avaliação do conteúdo de oitivas policiais ou de outras provas dependentes da memória à luz das técnicas de entrevista investigativa com base na psicologia do testemunho.

Anota-se que o Delegado de Polícia presidente da investigação criminal pode determinar e requisitar a elaboração de tais peças ou ele mesmo pode confeccionar se entender necessário e pertinente[19], a depender dos conhecimentos que possua e das especificidades de cada caso concreto.

O **inciso XVI**, do **artigo 6º** da Lei nº 14.735/2023, dispõe como atribuição das Polícias Civis a produção de **laudo de exame pericial**, que não se confunde com o citado laudo investigativo. O laudo pericial, como o nome sinaliza, é elaborado por perito criminal oficial a partir das requisições das Autoridades Policiais investigantes, nas instituições nas quais o órgão pericial esteja integrado na estrutura das Polícias Judiciárias Estaduais. Nos Estados da Federação onde há órgão pericial autônomo não policial

17. DESGUALDO, Marco Antonio. *Recognição visuográfica e a lógica na investigação criminal.* São Paulo: Delegacia Geral de Polícia, 2006, p. 24.
18. HOUAISS, Antônio (1915-1999); VILLAR, Mauro de Salles (1939-). *Dicionário Houaiss da língua portuguesa.* Rio de Janeiro: Objetiva: 2009, p. 1.161.
19. COSTA, Adriano Sousa; COSTA, Fabio; ARAÚJO, João Campos; LATERZA, Rodolfo Queiroz. *Lei Orgânica Nacional das Polícias Civis Comentada.* São Paulo: JusPodivm, 2024, p. 137-138.

(Instituto Geral de Perícias ou nomenclatura similar), os peritos criminais atenderão as requisições expedidas pelos Delegados de Polícia responsáveis, em atenção aos comandos do artigo 6º, inciso VII, do Código de Processo Penal (CPP) assim como do artigo 2º, § 2º, da Lei Federal nº 12.830/2013, nos quais serão respondidos os quesitos formulados, com prazo legal máximo de elaboração de dez dias, prorrogável excepcionalmente a requerimento dos peritos (CPP, artigo 160, parágrafo único), embora aludido lapso raramente seja cumprido tempestivamente na prática, por razões diversas, dentre as quais efetivo deficitário, elevadas demandas e falta de melhor integração entre os órgãos envolvidos, principalmente nas localidades em que a atividade pericial não integra as instituições de polícia judiciária.

O **inciso XVII**, do **artigo 6º** ora estudado, estipula como atribuição das Polícias Civis a seleção, formação e desenvolvimento de atividades de educação continuada dos seus servidores, em seus órgãos de ensino policial ou instituições congêneres, conforme disposição em lei, importante missão incumbida às Escolas ou Academias de Polícia de cada instituição estadual, as quais devem desempenhar suas funções com conteúdos baseados em evidência e sempre mediante interlocução com outros setores públicos e privados e com as diversas áres de conhecimento.

Mencionado dispositivo corrobora a previsão da Lei Federal nº 13.765/2018 (Política Nacional de Segurança Pública e Defesa Social), na diretriz de formação e capacitação continuada e qualificada dos profissionais de segurança pública, em consonância com a matriz curricular nacional (artigo 5º, inciso VI), assim como nas metas para acompanhamento e avaliação de tais políticas para apoiar e promover educação qualificada, continuada e integrada (artigo 25, II)[20].

---

20. COSTA, Adriano Sousa; COSTA, Fabio; ARAÚJO, João Campos; LATERZA, Rodolfo Queiroz. *Lei Orgânica Nacional das Polícias Civis Comentada*. São

No **inciso XVIII** do **artigo 6º** da Lei Orgânica Nacional das Polícias Civis, há previsão do exercício de outras atribuições legais, considerando os limites e a capacidade de cada instituição estadual derivadas de suas competências constitucionais e legais.

O **artigo 6º**, **inciso XIX**, da Lei Federal nº 14.735/2023 atribui às Polícias Civis fiscalizar, avaliar e auditar os contratos, os convênios e as despesas efetivadas no âmbito da instituição de polícia judiciária, função que denota mecanismo internos de controle autotutela, sobretudo das atividades estratégicas (atividade-meio) de cada agência de policiamento investigativo estadual.

O **inciso XX** do **artigo 6º** ora estudado trata da vistoria e fiscalização de produtos controlados, com emissão de respectivos alvarás pelas Polícias Civis, no âmbito de suas atribuições constitucionais e legais, do que podem ser exemplos a atuação no comércio de peças de veículos usadas, para inibir práticas de crimes patrimoniais e notadamente de receptação.

O **inciso XXI** do **artigo 6º** em comento cuida da prestação de suporte necessário pela própria Polícia Civil aos órgãos de controle interno (autorregulação institucional) e também externo (heterorregulação)[21], para que sejam promovidas as providências que demandem conhecimentos técnicos e informações da própria agência de polícia judiciária estadual.

No **inciso XXII** do **artigo 6º** da Lei Federal nº 14.735/2023 há disposição sobre o estabelecimento de assessorias técnicas, funcionais e institucionais de relacionamento com os demais órgãos e poderes, como relevante mecanismo de metástase corporativa que viabilize a escorreita interlocução das Polícias Civis

---

Paulo: JusPodivm, 2024, p. 140-141.

21. COSTA, Adriano Sousa; COSTA, Fabio; ARAÚJO, João Campos; LATERZA, Rodolfo Queiroz. *Lei Orgânica Nacional das Polícias Civis Comentada*. São Paulo: JusPodivm, 2024, p. 145.

com outras instituições, especialmente aquelas com as quais há intensa interação no sistema de Justiça Criminal, como o Poder Judiciário, a Defensoria Pública, o Ministério Público e a Ordem dos Advogados do Brasil, com as quais as agências de polícia judiciária estaduais precisam manter diálogo permanente e integrado para o bom andamento dos serviços desenvolvidos.

De acordo com o **inciso XXIII** do **artigo 6º** da Lei Orgânica Nacional das Polícias Civis, às agências de policiamento investigativo compete administrar privativamente as tecnologias da instituição, tais como sistemas, aplicações, aplicativos, bancos de dados, sítios na rede mundial de computadores, rede lógica, segurança da informação, entre outros recursos de suporte, com ênfase na constante atualização de tais órgãos, com vistas a acompanharem as ferramentas e tecnologias de informação e comunicação da era digital hodierna e assim atuarem com as exigidas eficiência e qualidade tanto para o público externo como para o público interno, do que são exemplos os sistemas de informatização do Inquérito Policial eletrônico (IP-e)[22] e sistema de reconhecimento facial, além daqueles de operação de bancos de dados civis e criminais, dentre tantos outros.

Com base no **inciso XXIV** do **artigo 6º** em comento, compete à Polícia Civil exercer todas as prerrogativas inerentes ao **poder de polícia judiciária** e de apuração das infrações penais para o cumprimento de suas missões e finalidades, previsão que autoriza inclusive a defesa das prerrogativas e atribuições constitucionais e legais das agências de polícia judiciária nas esferas extrajudiciais e judiciais, ainda que em sede de tutela de usurpações

22. MORAES, Rafael Francisco Marcondes de; ORTIZ, Luiz Fernando Zambrana. Inquérito Policial Eletrônico: tecnologia, garantismo e eficiência na investigação criminal. In: GIORDANI, Manoel Francisco de Barros da Motta Peixoto; MORAES, Rafael Francisco Marcondes de (coord.). *Estudos contemporâneos de polícia judiciária*. São Paulo: Editora LTr, 2018, p. 83-96.

e interferências indevidas por outros órgãos ou pelo próprio governo em exercício, tornando desejável a discussão futura sobre a necessidade de mandato por tempo certo para Delegado-Geral[23] e outras garantias institucionais para inibir intromissões espúrias ainda observadas.

O **inciso XXV** do **artigo 6º** ora comentado veicula a competência da Polícia Civil participar do planejamento e da elaboração das políticas públicas, dos planos, dos programas, dos projetos, das ações e das suas avaliações que envolvam a atuação conjunta entre os órgãos de segurança pública ou de persecução penal, sempre respeitando as respectivas atribuições constitucionais e legais de cada agência. O dispositivo exige que a instituição de polícia judiciária estadual seja consultada e ouvida sempre nas políticas públicas e quaisquer outras iniciativas do Poder Público que repercutam direta ou indiretamente no desempenho de suas atividades, especialmente para que se busque uma atuação integrada e harmoniosa entre os órgãos envolvidos, com a união de esforços e recursos com vistas à melhor prestação possível dos serviços públicos de segurança pública e justiça criminal.

Por sua vez, o **XXVI** do **artigo 6º** da Lei Federal nº 14.735/2023 prevê competir à Polícia Civil exercer outras funções relacionadas às suas finalidades, obedecidos os limites e a capacidade de auto-organização de cada ente federativo, decorrentes de suas competências constitucionais e legais, como na atuação envolvendo delitos de trânsito, de receptação de materiais e na comercialização de explosivos, sem prejuízo de outras atividades correlatas.

23. COSTA, Adriano Sousa; COSTA, Fabio; ARAÚJO, João Campos; LATERZA, Rodolfo Queiroz. *Lei Orgânica Nacional das Polícias Civis Comentada*. São Paulo: JusPodivm, 2024, p. 148.

Por derradeiro, o **inciso XXVII** do **artigo 6º** da Lei Orgânica Nacional prevê competir às Polícias Civis executar com autonomia, imparcialidade, técnica e cientificidade os seus atos procedimentais no âmbito das atribuições dos respectivos cargos, em consonância com a esperada atuação com liberdade intelectual fundamentada da autoridade investigante, com a imparcialidade que não vincule a agência de polícia judiciária como indevido instrumento da acusação ou da defesa, e sempre baseadas em evidências técnicas e científicas nos protocolos e atos promovidos no interesse da reta e justa apuração dos fatos potencialmente delituosos.

O **§ 1º** do **artigo 6º** da Lei Federal nº 14.735/2023 consolida que as atribuições incumbidas às instituições de polícia judiciária estaduais são de exercício exclusivo por policiais civis em atividade, rechaçando a atuação indevida de servidores aposentados e sobretudo de agentes de outros órgãos como do policiamento preventivo ou de agências não policiais.

O **§ 2º** do **artigo 6º** da Lei Orgânica Nacional das Polícias Civis autoriza a celebração de convênios, de acordos de cooperação técnica, de ajustes ou de instrumentos congêneres com órgãos ou entidades públicas e privadas nacionais ou estrangeiras para a execução e o aperfeiçoamento das atividades próprias do policiamento investigativo.

Capítulo III

Da Organização e do Funcionamento

Seção I – Da Estrutura Organizacional Básica

> *Art. 7º A Polícia Civil tem sua estrutura organizacional básica composta dos seguintes órgãos essenciais:*
> *I – Delegacia-Geral de Polícia Civil;*
> *II – Conselho Superior de Polícia Civil;*
> *III – Corregedoria-Geral de Polícia Civil;*
> *IV – Escola Superior de Polícia Civil;*
> *V – unidades de execução;*
> *VI – unidades de inteligência;*
> *VII – unidades técnico-científicas;*
> *VIII – unidades de apoio administrativo e estratégico;*
> *IX – unidades de saúde da polícia civil; e*
> *X – unidades de tecnologia.*

O artigo 7º da Lei Federal nº 14.735/2023 estabelece um rol com nomenclaturas de órgãos essenciais que comporão a estrutura organizacional básica de cada agência de polícia judiciária estadual.

Evidente que cada Estado da Federação pode adaptar ou manter as nomenclaturas que já adote para órgãos com atribuições equivalentes, assim como criar, atualizar ou aglutinar outros órgãos com mais unidades ou maior detalhamento e divisão de funções, como é o caso das Polícias Civis que designam Academia de Polícia e não Escola Superior de Polícia Civil a seus Departamentos de ensino policial incumbidos da realização de concursos públicos, de cursos de formação técnico-profissional e de cursos complementares de capacitação continuada bem como de atividades voltadas à pesquisa e ao apoio à produção científica sobre os conhecimentos utilizados por cada instituição de policiamento investigativo.

Seção II – Da Delegacia-Geral de Polícia Civil

> *Art. 8º A Polícia Civil tem como chefe o Delegado-Geral de Polícia Civil, nomeado pelo governador e escolhido dentre os delegados de polícia em atividade da classe mais elevada do cargo.*
>
> *Parágrafo único. Os Delegados-Gerais das Polícias Civis devem apresentar, até 30 (trinta) dias após sua nomeação, planejamento estratégico de gestão que contenha:*
>
> *I – metas qualitativas e quantitativas de produtividade e de redução de índices de criminalidade;*
>
> *II – medidas de otimização e de busca de eficiência, incluído o planejamento das ações específicas direcionadas ao melhor exercício das competências do órgão;*
>
> *III – diagnóstico da necessidade de recursos humanos e de materiais;*
>
> *IV – programas de capacitação do efetivo; e*
>
> *V – proposta de estrutura organizacional, inclusive com previsão de criação ou de extinção de unidades policiais, caso necessário, a ser implementada por lei específica.*

Em obediência ao comando do artigo 144, § 4º da Constituição da República, o aludido dispositivo consagra a direção da instituição de polícia judiciária estadual a um Delegado de Polícia de carreira, a ser escolhido dentre os integrantes da classe mais elevada.

Os incisos do dispositivo em comento estipulam importante previsão de apresentação de planejamento estratégico de gestão pelo Delegado-Geral de Polícia nomeado.

No referido plano, pelo **inciso I** do **artigo 8º**, exige-se que sejam estabelecidas metas qualitativas e quantitativas de produtividade e de redução de índices de criminalidade, como parâmetros para a atuação a partir de dados concretos e estatísticas que reclamem atualização constante e acompanhamento bem como investimentos nos recursos a serem empregados para atendimento de tais objetivos.

De igual modo, consoante o **inciso II**, o planejamento deve veicular medidas de otimização e de busca de eficiência, sobretudo para as providências a serem implementadas ou aperfeiçoadas destinadas a melhorar o serviço de policiamento investigativo oferecido à população.

O **inciso III** do aludido **artigo 8º** estabelece importante previsão de diagnóstico da necessidade de recursos humanos e materiais, sobretudo considerando a realidade de diversas Polícias Civis com graves deficiências de efetivo de servidores e também em condições precárias e insuficientes de recursos materiais para o desempenho satisfatório de suas atribuições.

Já o **inciso IV** do **artigo 8º** em comento, ao prever a inclusão de programas de capacitação do efetivo, exige a atenção do dirigente para a permanente atualização dos conteúdos e dos conhecimentos a serem ministrados aos policiais civis, para que possam realizar suas atribuições com o máximo de profissionalismo e qualidade, sempre pautados em evidências e cientificidade.

Por fim, de acordo com o **inciso V** do **artigo 8º** da Lei Orgânica Nacional das Polícias Civis, há dever do Delegado-Geral incluir no planejamento estratégico de gestão uma **proposta de estrutura organizacional**, inclusive com previsão de criação ou de extinção de unidades policiais, caso necessário, a ser implementada por lei específica, disposição relevante tendo em vista a opção por imperativo meramente político de governantes por vezes sem critérios técnicos e objetivos na criação descabida de delegacias de polícia, sem a correspondente dotação de efetivo humano e de recursos materiais, em manifesto prejuízo à eficiência no desenvolvimento satisfatório dos trabalhos de policiamento investigativo em determinadas localidades, viabilizando um efetivo levantamento para a supressão ou aglutinação de unidades de polícia judiciária.

Seção III – Do Conselho Superior de Polícia Civil

Vagner Bertoli

A Lei n. 14.375 entrou em vigor em 23 de novembro de 2023, sendo encaminhada em 18 de julho de 2007 ao Presidente da República, com as considerações do então Ministro da Justiça Tarso Fernando Herz Genro, o qual tomou por base o trabalho intitulado "Modernização da Polícia Civil Brasileira – Aspectos Conceituais, Perspectivas e Desafios"[1].

1. Projeto de Lei. Institui a Lei Geral da Polícia Civil e dá outras providências. Disponível em: https://www.camara.leg.br/proposicoesWeb/prop_mostrarintegra?codteor=499781&filename=Tramitacao-PL%201949/2007. Acesso em: 08 nov. 2023.

O PL encaminhado tinha como ementa: "Institui a Lei Geral da Polícia Civil e dá outras providências", sendo certo que, ao receber a numeração PL n. 1949/2007, passou a ter nova ementa: "Institui a Lei Orgânica Nacional das Polícias Civis; dispõe sobre suas normas gerais de funcionamento; e dá outras providências".

O PL encaminhado pelo Presidente da República era muito mais completo e promissor, mas é certo que, para a sua aprovação, foram necessários diversos acordos com diversos grupos de interesses, os quais estavam preocupados em perder suas atribuições.

> *Art. 9º O Conselho Superior de Polícia Civil, presidido pelo Delegado-Geral e integrado por policiais civis, é composto por representantes de todos os cargos efetivos da corporação, com a possibilidade de eleição de seus membros e participação paritária, respeitada a lei do respectivo ente federativo.*

O Conselho Superior da Polícia Civil, presidido pelo Delegado-Geral de Polícia, faz parte da estrutura organizacional básica da polícia civil (Artigo 7, inc. II, da LONP), sendo de grande importância, pois cabe aos seus integrantes discutir as matérias relacionadas com a administração superior da Polícia Civil.

Nos moldes do disposto no Artigo 5º, inc. I, da LONP, a diretriz de planejamento e distribuição do efetivo policial caberá por resolução ao Conselho Superior de Polícia Civil, o qual levará em conta o número de habitantes, a extensão territorial e os índices de criminalidade da circunscrição.

O Conselho Superior da Polícia Civil funcionará como órgão revisor nos processos disciplinares em que for aplicada a pena de demissão (Artigo 10, § 3º, da LONP).

Caberá ainda ao Conselho Superior da Polícia Civil, nos casos do concurso para o cargo de delegado de polícia, definir no que consiste a classificação como atividade jurídica, exigida pelo Artigo 20, § 3º, da LONP.

São assegurados aos policiais civis em atividade direitos e garantias, podendo ser criada, pelo ente federativo, lei que fixe critérios de promoção por bravura fundamentados em indicadores avaliados por comissão específica do Conselho Superior de Polícia Civil (Artigo 30, § 3º, da LONP).

Como podemos observar, a LONP positivou vários momentos de que o Conselho Superior da Polícia Civil deve participar, tendo ainda a norma em comento posto que o Conselho Superior da Polícia Civil, dirigido pelo Delegado-Geral de Polícia, será integrado por policiais civis e composto por representantes de todos os cargos efetivos da corporação.

Conforme o disposto no Artigo 19 da LONP, o quadro de servidores da polícia civil é formado por delegado de polícia, oficial investigador de polícia e perito oficial criminal, se o órgão central de perícia oficial de natureza criminal estiver integrado na estrutura da polícia civil.

Os cargos efetivos da corporação, ou seja, aqueles providos por concurso público, no caso dos policiais civis, são considerados permanentes, típicos de estado e essenciais ao funcionamento da instituição para todos os efeitos legais, e suas atividades devem ser exercidas exclusivamente pelos ocupantes dos cargos previstos nesta lei ou em lei do respectivo ente federativo (Artigo 19, § 1º, da LONP).

Ainda, os integrantes do Conselho Superior da Polícia Civil podem ser eleitos pelos seus membros, sendo a participação paritária, ou seja, que os representantes dos cargos efetivos da corporação estejam representados em igualdade, a depender da lei de cada estado federado.

Como vemos, a nova lei buscou a representatividade no Conselho Superior da Polícia Civil de todos os seus membros e não só de uma carreira, fazendo com que todos tenham voz e também responsabilidades.

Seção IV – Da Corregedoria-Geral de Polícia Civil

Art. 10. A Corregedoria-Geral de Polícia Civil, dotada de autonomia em suas atividades, tem por finalidade praticar os atos de controle interno, correição, orientação e zelo pela qualidade e avaliação do serviço policial, com atuação preventiva e repressiva, nas ocorrências de infrações disciplinares e penais praticadas por seus servidores no exercício da função.

§ 1º O Corregedor-Geral de Polícia Civil deve ser designado pelo Delegado-Geral de Polícia Civil dentre os delegados de polícia da classe mais elevada.

§ 2º Aos policiais civis que tenham sido lotados em quaisquer unidades da Corregedoria-Geral de Polícia Civil é facultada lotação subsequente em unidade administrativa por, no mínimo, 1 (um) ano.

§ 3º É garantido o duplo grau de revisão do julgamento nos processos disciplinares na hipótese de penalidade de demissão, mediante recurso ao Conselho Superior de Polícia Civil e, em última instância, ao Chefe do Poder Executivo.

A Corregedoria-Geral de Polícia Civil não é uma inovação da nova lei, sendo certo que já existia desde as Ordenações Portuguesas impostas no Brasil. Em alguns estados da federação, ela consta da estrutura da Secretaria de Segurança Pública e, em outros, no organograma da Polícia Civil.

A lei em comento traz a Corregedoria-Geral da Polícia Civil na estrutura organizacional básica, como órgão essencial da polícia civil.

O controle interno, correição, orientação e zelo pela qualidade e avaliação do serviço policial, com atuação preventiva e repressiva das atividades dos policiais, é de suma importância, para evitar desvio de condutas que possam prejudicar não só a Instituição Policial Civil, mas também toda a sociedade. Esse monitoramento diuturno da polícia no desenvolvimento do seu trabalho é um desafio enfrentado pelas polícias de todo o mundo.

A autonomia da corregedoria em suas atividades evita ingerências políticas e funcionais, podendo assim seus servidores trabalharem com tranquilidade e evitando possíveis perseguições.

O ideal para que uma corregedoria executasse seu trabalho com plena autonomia seria que seu corpo funcional fosse formado por policiais que tivessem desempenhado, no mínimo, 3 (três) anos e, no máximo, 5 (cinco) anos de atividade-fim da polícia e somente depois fariam parte da estrutura da corregedoria, devendo permanecer nos quadros da corregedoria até sua aposentadoria, demissão ou exoneração.

A atuação repressiva se dá nas ocorrências de infrações disciplinares e penais praticadas pelos policiais civis, sendo as infrações disciplinares capituladas nas leis orgânicas, e as penais, no código penal e leis esparsas.

O controle interno, correição, orientação e zelo pela qualidade e avaliação do serviço policial, nada mais é que o controle preventivo, o que, com certeza, evitaria infrações penais e disciplinares. Esse controle deve se dar constantemente em relação aos policiais, acompanhando seu trabalho e também sua evolução patrimonial.

Em relação ao controle preventivo, acrescenta Ciro de Araújo Martins Bonilha[2]:

A prevenção da infração administrativa disciplinar deve ser realizada tendo como fontes de pesquisa os possíveis boletins de ocorrência elaborados, as reclamações e as denúncias formuladas a respeito da conduta do servidor público em exercício em determinada repartição pública.

---

2. BONILHA, Ciro de Araújo Martins. *Da prevenção da infração administrativa*. Bauru: EDIPRO, 2008, p. 46.

Após, estudam-se de forma criteriosa as causas e os motivos apontados nas aludidas fontes, observando-se os dispostos nos artigos em que são definidas as infrações administrativas, de acordo com a legislação específica em que se enquadra o funcionário.

Por meio dos dados obtidos, poder-se-á elaborar planos de ações preventivas, levando-se em consideração os tipos de faltas funcionais praticadas, adotando-se como parâmetro as áreas de atuação de cada repartição pública.

Depois de analisar a incidência das infrações administrativas, elaborando-se o perfil dos funcionários infratores, identificam-se aqueles servidores públicos que necessitam de apoio, orientação e treinamento, para melhor executar seu importante mister.

Embora a lei estipule que a ação da corregedoria se dará nas infrações penais e disciplinares praticadas por seus servidores no exercício da função, é sabido que várias infrações disciplinares das leis orgânicas estão relacionadas à conduta que o policial tem em sociedade, mesmo que não esteja no exercício de sua função.

O Corregedor-Geral de Polícia Civil deve ser designado pelo Delegado-Geral de Polícia Civil dentre os delegados de polícia da classe mais elevada, pois assim não terá conflito nas apurações em relação à hierarquia, vez que o Corregedor-Geral é da classe mais elevada.

A nova lei, ao positivar que aos policiais civis que tenham sido lotados em quaisquer unidades da Corregedoria-Geral de Polícia Civil é facultada lotação subsequente em unidade administrativa por, no mínimo, 1 (um) ano, foi coerente com o trabalho que desempenhava anteriormente.

O policial que trabalhou na corregedoria, com certeza no desempenho do seu mister, desagradou a muitos colegas com sua atuação. Dessa forma, essa "quarentena" poderá amainar eventuais problemas futuros.

Como acima foi comentado, é garantido o duplo grau de revisão do julgamento nos processos disciplinares na hipótese de penalidade de demissão, mediante recurso ao Conselho Superior de Polícia Civil e, em última instância, ao Chefe do Poder Executivo.

Seção V – Da Escola Superior de Polícia Civil

> *Art. 11. A Escola Superior de Polícia Civil, órgão de formação, capacitação, pesquisa e extensão, é responsável pelo desenvolvimento dos recursos humanos da polícia civil e é dirigida por delegado de polícia da classe mais elevada do cargo, preferencialmente com especialização nas áreas de administração ou educação.*
>
> *§ 1º A Escola Superior de Polícia Civil pode realizar cursos de graduação ou de pós-graduação lato sensu ou stricto sensu, os quais, desde que observadas as exigências do Ministério da Educação, terão integração e plena equivalência com os cursos de universidades públicas.*
>
> *§ 2º O curso de formação profissional pode ser considerado como de pós-graduação para fins de titulação, observadas as normas do Ministério da Educação.*
>
> *§ 3º O corpo docente da Escola Superior de Polícia Civil, designado pelo respectivo diretor, pode ser preenchido preferencialmente por integrantes da instituição dentre os policiais civis que detenham notório saber, habilitação técnica ou formação pedagógica comprovadas, selecionados por meio de edital publicado na imprensa oficial que contemple requisitos de habilitação a serem comprovados mediante apresentação de títulos e aptidões certificadas tecnicamente e em unidades acadêmicas, observadas as disciplinas que integram as grades curriculares dos cursos estruturados pela coordenação pedagógica.*
>
> *§ 4º A Escola Superior de Polícia Civil terá participação nos processos seletivos dos concursos públicos para os cargos integrantes da estrutura da Polícia Civil.*

A primeira Escola de Polícia de que se tem notícia no Brasil foi criada em 02 de fevereiro de 1912 no Rio de Janeiro, tendo posteriormente sido estendida a ideia para os demais entes federativos, sendo certo que as Escolas encontraram percalços para sua manutenção nos vários governos[3].

A Escola Superior de Polícia Civil, responsável pelo desenvolvimento dos recursos humanos da polícia civil, deve realizar os seus cursos considerando a Lei n. 9.394, de 20 de dezembro de 1996, que estabelece as diretrizes e bases da educação nacional, conhecida entre nós como LDB.

No que tange ao ensino superior, a LDB buscou dar autonomia para as instituições superiores de educação, visando ao crescimento profissional dos alunos, estando o ensino conectado com os avanços da sociedade. Como anotado em seu Artigo 1º, a educação abrange a vida familiar, a convivência humana, o trabalho, as instituições de ensino e pesquisa, os movimentos sociais e organizações da sociedade civil e as manifestações culturais.

Assim, a Escola Superior de Polícia, porta de entrada para todos os policiais, deve estar em consonância com a Lei de Diretrizes e Bases da Educação.

Ressaltando que o curso de formação profissional pode ser considerado como de pós-graduação para fins de titulação, observadas as normas do Ministério da Educação.

Como falado, será essa Escola que dará o norte que os novos policiais devem seguir, não só nas disciplinas técnicas, mas também deverá trabalhar a respeito da ética, direitos humanos e todos os assuntos que permeiam a sociedade em que vivemos.

---

3. ALBUQUERQUE, Plinio Cavalcanti de. O ensino policial no Brasil. Arquivos da Polícia Civil. Reedição do 1º volume. 1841 – 2021. p. 43-55.

O policial, ao entrar para a polícia, deverá estar ciente de que ele é o guardião da sociedade, pois todas as suas mazelas chegarão até ele, devendo assim ter uma formação multidisciplinar para bem desempenhar seu mister.

Ainda em relação à formação, Juliana Rosa Gonçalves Mota e Júlio Gustavo Vieira Guebert[4] assim tratam do tema:

> *A formação dos policiais ocupa um lugar de destaque nas discussões sobre segurança pública por ser considerada um mecanismo relevante para articular processos de mudança institucional, aperfeiçoamento técnico e melhoria do serviço (PONCIONI, 2013). Igualmente, a formação é um ponto fundamental quando se discute qual é o modelo de polícia que uma sociedade pretende ter: como agente repressivo e de controle social ou como promotora e garantidora dos direitos humanos (especialmente dos grupos em situação de vulnerabilidade). Como resultado, a reflexão sobre em que consiste a formação profissional dos policiais implica fazer escolhas institucionais sobre o que e como será ensinado, quais as competências serão valorizadas, quais os temas serão destacados e como serão desenhadas as ações formativas (MOTA, 2017).*
>
> *O objetivo primordial de uma academia de polícia, assim, é capacitar os seus alunos para as particularidades do trabalho policial. Sua atividade, por estar situada no campo profissional, visa ao desenvolvimento de competências específicas, que podem ser conhecimentos, aptidões e a construção de um saber-fazer particular. A aquisição destas competências centra-se em conhecimentos que serão colocados em prática e permite aos alunos policiais agirem a partir de um padrão que*

4. MOTA, J. R. G.; GUEBERT, J. G. V. *Pensando o gênero na formação policial: o caso da Academia da Polícia Civil de São Paulo e o programa de pesquisa e capacitação continuada em feminicídio e a investigação sob a perspectiva de gênero*. JORGE, H.V.N; JÚNIO LEITÃO, J. (Coordenadores) Leme-SP: Mizuno, 2022, p. 27-48.

visa à uniformidade e ao profissionalismo na execução de suas tarefas em uma sociedade democrática (PONCIONI, 2014).

Como bem acentuado pelos autores, a formação dos policiais é de grande importância, pois serão eles que estarão trabalhando diuturnamente com a sociedade.

A capacitação dos policiais depende de uma boa estrutura material, para que os policiais, após adquirirem o conhecimento teórico, apliquem na prática o que aprenderam, devendo assim ter disciplinas como armamento e tiro, defesa pessoal, local de crime etc., dentre tantas outras que reproduzem o que será encontrado no cotidiano do seu trabalho.

Uma Escola de Polícia não se sustenta sem uma pesquisa séria e efetiva, pois será ela que dará o suporte prático e teórico para os novos e antigos policiais que já desempenham o seu trabalho.

A Escola de Polícia deve promover a extensão, aberta à participação da população, visando à difusão das conquistas e benefícios resultantes da criação cultural e da pesquisa científica e tecnológica geradas na instituição, devendo integrar-se à sociedade a que serve.

Norteado pela hierarquia, a lei determinou que a Escola Superior de Polícia será dirigida por delegado de polícia da classe mais elevada do cargo.

O legislador, ao positivar que a Escola poderia ser dirigida por delegado de polícia da classe mais elevada do cargo, sendo esse dirigente preferencialmente com especialização nas áreas de administração ou educação, poderia ter grafado "obrigatoriamente", pois, como é sabido, ser Diretor de uma Escola de Polícia exige mais do que ser tão somente um policial.

Poderia ainda ter acrescido que, para desempenhar função tão relevante, deveria ter aderência com a função, exigindo pelo menos 5 anos de magistério no ensino superior.

Já não era sem tempo essa normatização, ou seja, que a Escola Superior de Polícia Civil pode realizar cursos de graduação, de MBA, especialização, mestrado e doutorado, os quais, em consonância com a LDB, terão integração e plena equivalência com os cursos de universidades públicas.

Em relação ao corpo docente da Escola Superior de Polícia Civil, designado pelo respectivo diretor, ele pode ser preenchido preferencialmente por integrantes da instituição dentre os policiais civis que detenham notório saber, habilitação técnica ou formação pedagógica comprovadas, selecionados por meio de edital publicado na imprensa oficial que contemple requisitos de habilitação a serem comprovados mediante apresentação de títulos e aptidões certificadas tecnicamente e em unidades acadêmicas, observadas as disciplinas que integram as grades curriculares dos cursos estruturados pela coordenação pedagógica.

Nesse aspecto da formação do corpo docente, penso que deveria ser por concurso público aberto a todos que tivessem pós-graduação *stricto sensu* e, no caso dos integrantes da instituição, os policiais civis que detenham notório saber, habilitação técnica ou formação pedagógica comprovadas participariam com uma diferenciação de pontos, mas também teriam que ter mestrado ou doutorado.

A imposição de que a Escola Superior de Polícia Civil tenha participação nos processos seletivos dos concursos públicos para os cargos integrantes da estrutura da Polícia Civil se faz necessária, até porque será ela a responsável pela seleção e formação dos novos policiais.

Seção VI – Das Unidades de Execução

> *Art. 12. Constituem unidades de execução da polícia civil, sem prejuízo de outras definidas na lei do respectivo ente federativo:*
>
> *I – unidades policiais circunscricionais, distritais ou regionais;*

II – unidades policiais especializadas;

III – Coordenadoria de Recursos e Operações Especiais; e

IV – Departamento de Identificação Civil.

§ 1º A polícia civil pode criar unidades especializadas em combate à corrupção, ao crime organizado, a crimes contra a vida, à lavagem de dinheiro, a crimes cibernéticos, a crimes ambientais, a crimes de violência doméstica e familiar e a crimes contra vulneráveis, bem como em proteção animal, em interceptação de comunicação telefônica, de informática e telemática, entre outras unidades policiais especializadas.

§ 2º O efetivo das unidades especializadas em combate à lavagem de dinheiro e em interceptação de comunicação telefônica, de informática e telemática deve ser composto exclusivamente de policiais civis.

§ 3º O Departamento de Identificação Civil abrange, sem prejuízo de outras atividades, a emissão e o controle de documentos oficiais de identificação civil, a gestão de dados relacionados a registros fotográficos e de sinais característicos corporais, coleta de impressão digital, palmar e plantar, boletim de vida pregressa, formulários de risco de vida e outros documentos necessários ao arquivo e à documentação de informações de relevância para a apuração, respeitada a preservação da intimidade, da vida privada e da honra das pessoas cadastradas.

§ 4º O Departamento de Identificação Civil deve ser coordenado por policial civil designado pelo Delegado-Geral de Polícia Civil dentre os que detenham habilitação específica e sejam da classe mais elevada.

§ 5º Os bancos de dados oriundos das atividades de identificação civil, criminal e funcional das polícias civis são de responsabilidade destas.

A nova lei fixa como unidade de execução da polícia civil unidades policiais circunscricionais, distritais ou regionais, as unidades policiais especializadas, as Coordenadorias de Recursos e Operações Especiais e o Departamento de Identificação Civil, autorizado cada estado federativo à criação de outras.

As unidades policiais circunscricionais, distritais ou regionais, também chamadas de unidades territoriais, são aquelas delimitadas pelo espaço físico que ocupam.

As unidades policiais especializadas são aquelas que desempenham uma função especializada, como Delegacia de Polícia de Investigação sobre Entorpecente, Delegacia de Polícia de Proteção ao Idoso, Delegacia de Polícia de Defesa da Mulher, dentre outras, as quais comumente não estão delimitadas em suas áreas, sendo sua circunscrição de atuação maior.

No §1º desse artigo, o legislador possibilitou a criação de diversas unidades policiais especializadas, além daquelas que a entidade federada entenda ser importante.

Para melhor exemplificar, podemos falar que a circunscrição do Departamento do Interior Deinter 7 – Sorocaba-SP abrange as Delegacias Seccionais de Polícia de Avaré, Botucatu, Itapeva, Itapetininga e Sorocaba.

Por sua vez, a Delegacia Seccional de Polícia de Avaré tem como circunscrição 17 municípios, sendo que o município de Avaré é dividido em distritos e tem delegacia especializada, como a Delegacia de Defesa da Mulher.

Dessa forma, podemos falar que a circunscrição é a limitação territorial de caráter administrativo, espaço esse em que cada delegacia exerce suas atribuições.

Dentro de uma circunscrição, podemos ter outra circunscrição, ou seja, dentro do espaço territorial do Deinter 7 – Sorocaba-SP, temos cinco circunscrições, que são as Delegacias Seccionais, e, dentro de cada Delegacia Seccional, temos as circunscrições dos municípios, que podem ser divididas em distritos e unidades policiais especializadas, que podem abranger uma ou mais circunscrição.

A Coordenadoria de Recursos e Operações Especiais tem por finalidade articular os trabalhos de diversas unidades afetas a ela.

Permitiu a nova lei que os estados criem unidades especializadas, além das já propostas nesse dispositivo legal.

Os policiais que integrarem as unidades especializadas em combate à lavagem de dinheiro e em interceptação de comunicação telefônica, de informática e telemática devem ser policiais civis. O legislador positivou o anseio de um Estado Democrático de Direito, onde a investigação deve ser desempenhada exclusivamente por policiais civis, ou seja, pela Polícia Civil, não podendo esse trabalho ser executado por outra instituição ou agência.

Mais uma vez, o legislador, ao tratar do Departamento de Identificação Civil, determina que a emissão e o controle de documentos oficiais de identificação civil, a gestão de dados relacionados a registros fotográficos e de sinais característicos corporais, coleta de impressão digital, palmar e plantar, boletim de vida pregressa, formulários de risco de vida e outros documentos necessários ao arquivo e à documentação de informações de relevância para a apuração, devem ficar sob a tutela da Polícia Civil, polícia investigativa por excelência, a qual deve respeitar a preservação da intimidade, da vida privada e da honra das pessoas cadastradas.

O Departamento de Identificação Civil deverá ser coordenado por policial civil designado pelo Delegado-Geral de Polícia Civil dentre os que detenham habilitação específica e sejam da classe mais elevada.

A coordenação pode ser por policial civil qualificado, mas a direção deverá ser ocupada por delegado de polícia que esteja na última classe da carreira.

O legislador acentuou o que a lei de proteção de dados já determina, ou seja, que os bancos de dados oriundos das atividades de identificação civil, criminal e funcional das polícias civis são de responsabilidade da polícia civil.

Art. 13. A criação de unidades e a distribuição dos cargos da polícia civil devem observar, preferencialmente, os seguintes fatores:

I – índice analítico de criminalidade e de violência regionais;

II – especialização da atividade investigativa por natureza dos delitos; e

III – população, extensão territorial e densidade demográfica.

A criação de unidades e a distribuição dos cargos na polícia devem obedecer preferencialmente a alguns parâmetros, não podendo as unidades policiais ser criadas exclusivamente por vontade política. Poderia o legislador ter elencado como fator a criação de unidades somente se tivesse disponibilidade de policiais civis para trabalhar nas novas unidades.

Entendo que os fatores elencados acima são cumulativos, pois, para a instalação de novas unidades e a distribuição de novos policiais, deve-se considerar o índice analítico de criminalidade e de violência regionais, a especialização da atividade investigativa por natureza dos delitos, bem como a população, extensão territorial e densidade demográfica.

Seção VII – Das Unidades de Inteligência

Art. 14. Constituem unidades de inteligência da polícia civil, sem prejuízo de outras definidas na lei do respectivo ente federativo:

I – Diretoria de Inteligência Policial;

II – Coordenadorias Regionais de Inteligência;

III – Núcleos de Inteligência em unidades especializadas definidas em estrutura organizacional específica;

IV – Coordenadoria de Doutrina de Inteligência Policial e Treinamento; e

V – Coordenadoria de Contrainteligência Policial.

O PL n. 1949/2007, que teve origem na Câmara dos Deputados, tratava a Unidade de Inteligência como de Unidade de Execução e Estratégia e assim era definida:

> *Art. 20. A Unidade de Inteligência Policial tem por finalidade promover a gestão do conhecimento por meio de planejamento, coordenação, execução e apoio às atividades pertinentes aos sistemas de tecnologia de informações e comunicações da Polícia Civil.*
>
> *Art. 21. A Unidade de Inteligência Policial é a destinatária de dados e provedora imediata de conhecimentos em relação às unidades executoras da função tática, constituindo-se em unidade central de informações destinadas ao suporte da atividade-fim da Polícia Civil, cabendo-lhe o que for disciplinado em ato normativo, e:*
>
> *I – o comando da unidade executora das atividades de estatística, informática e comunicações de natureza policial, bem como do desenvolvimento e da manutenção dos respectivos sistemas e equipamentos;*
>
> *II – a direção estratégica de todos os bancos de dados pertinentes à investigação policial, devendo zelar por sua otimização e inter-relacionamento, ressalvados aqueles de natureza pericial e civil, quando houver órgão específico para essa finalidade; e*
>
> *III – a articulação com os órgãos e unidades de informação e de inteligência de instituições públicas.*

O Artigo 7º, inc. VI, traz as unidades de inteligência como integrantes da estrutura organizacional básica da polícia civil.

Como podemos constatar pela redação do artigo em comento, as unidades de inteligência da polícia civil foram tratadas de forma sistêmica, como Diretoria de Inteligência Policial, Coordenadorias Regionais de Inteligência, Núcleos de Inteligência em unidades especializadas definidas em estrutura organizacional específica, Coordenadoria de Doutrina de

Inteligência Policial e Treinamento e Coordenadoria de Contrainteligência Policial.

Foi apenas criada uma estrutura organizacional, sem prejuízo de outras definidas na lei do respectivo ente federativo.

O Artigo 6º, inc. VI, da Lei n. 14.375 /2023, ao positivar que compete à polícia civil, ressalvadas a competência da União e as infrações penais militares, executar privativamente as funções de polícia judiciária civil e de apuração de infrações penais, a serem materializadas em inquérito policial ou em outro procedimento de investigação, deve também produzir, difundir, planejar, orientar, coordenar, supervisionar e executar ações de inteligência e de contrainteligência destinadas à execução e ao acompanhamento de assuntos de segurança pública, da polícia judiciária civil e de apuração de infração penal, de forma a subsidiar ações para prever, prevenir e neutralizar ilícitos e ameaças de qualquer natureza que possam afetar a ordem pública e a incolumidade das pessoas e do patrimônio, na esfera de sua competência, observados os direitos e as garantias individuais.

A nova lei, na Seção III, ao tratar das prerrogativas, garantias, direitos, deveres e vedações, trata no Artigo 27 que o oficial investigador de polícia, além do que dispõem as normas constitucionais e legais, exerce atribuições apuratórias, cartorárias, procedimentais, de obtenção de dados, de operações de inteligência e de execução de ações investigativas, sob determinação ou coordenação do delegado de polícia, assegurada atuação técnica e científica nos limites de suas atribuições.

Como vemos, também são da atribuição do oficial investigador as operações de inteligência.

Seção VIII – Das Unidades Técnico-Científicas

Art. 15. Constituem unidades técnico-científicas da polícia civil as unidades responsáveis pela perícia oficial criminal, nos casos em que o órgão central de perícia oficial de natureza criminal estiver integrado em sua estrutura, cujos chefes devem ser designados pelo Delegado-Geral de Polícia Civil, dentre outras:

I – Instituto de Criminalística;

II – Instituto de Medicina Legal; e

III – Instituto de Identificação.

§ 1º As unidades técnico-científicas são responsáveis pelas atividades de perícia oficial de natureza criminal e técnico-científicas relativas às ciências forenses.

§ 2º Os Institutos de Criminalística, de Medicina Legal e de Identificação devem ser coordenados por peritos oficiais criminais das respectivas áreas que estejam na ativa e sejam da classe mais elevada.

§ 3º Fica garantido, mediante requisição fundamentada, o livre acesso das polícias civis aos bancos de dados de unidades técnico-científicas não integradas à instituição.

As unidades técnico-científicas fazem parte da estrutura organizacional básica da polícia civil (Artigo 7º, inc. VII), sendo certo que, para o cargo de perito oficial criminal, é exigido diploma de nível superior completo, em nível de graduação, reconhecido pelo Ministério da Educação, observado que os editais dos concursos públicos podem prever seleção por área de conhecimento e exigir habilitação legal específica, na forma da lei do respectivo ente federativo (Artigo 20, § 8º).

Essas Unidades Técnico-Científicas são as responsáveis pela perícia oficial criminal, nos casos em que o órgão central de perícia oficial de natureza criminal estiver integrado em sua estrutura, cujos chefes devem ser designados pelo Delegado-Geral de Polícia Civil.

Como sabemos, em alguns estados, o órgão central de perícia oficial de natureza criminal não está integrado à estrutura da Polícia Civil, dessa forma, não estará ela subordinada ao Delegado-Geral.

No ano de 2019, foi proposta a PEC 76/2019 para a constitucionalização da perícia criminal no Brasil, sendo que, naquele ano, o país possuía 18 órgãos de perícia total ou parcialmente desvinculados das polícias civis, mas sem previsão na Constituição Federal.

A PEC 76/2019 pretende inserir as polícias científicas no Artigo 144 da Constituição Federal, sendo que, em 10.11.2023, estava em tramitação na Comissão de Constituição, Justiça e Cidadania.[5]

As unidades técnico-científicas possuem em sua estrutura os Institutos de Criminalística, Medicina Legal e Identificação, sendo certo que as atribuições relativas à atividade pericial oficial, nos moldes do Artigo 6º, inciso IV dessa lei, dependerão de lei para ser regulamentadas, conforme o disposto no Artigo 39.

A Lei n. 12.030, de 17 de setembro de 2009, dispõe a respeito das perícias oficiais, e que são peritos de natureza criminal os peritos criminais, peritos médico-legistas e peritos odontolegistas com formação superior específica detalhada em regulamento, de acordo com a necessidade de cada órgão e por área de atuação profissional.

O trabalho do perito tem caráter técnico-científico, sendo de grande importância na elucidação dos crimes que deixam

---

5. Projeto de Emenda Constitucional. PEC n. 76/2019. Inclui as polícias científicas no rol dos órgãos de segurança pública. Disponível em: 2023https://www25.senado.leg.br/web/atividade/materias/-/materia/136804. Acesso em: 19 nov. 2023.

vestígios, sendo que seu trabalho será reduzido a um laudo pericial no qual descreverá minuciosamente o que examinou, e responderá aos quesitos formulados pela autoridade policial.

Dispõe o Artigo 28 da lei que o perito oficial criminal, além do que dispõem a Constituição Federal, o Decreto-Lei n. 3.689, de 3 de outubro de 1941 (Código de Processo Penal), e as legislações extravagantes, sem prejuízo de outras previsões constantes de leis e regulamentos, exerce atribuições de perícia oficial de natureza criminal, sob requisição do delegado de polícia, assegurada a ele autonomia técnica, científica e funcional.

Como vemos, o perito oficial criminal exerce suas atribuições sob requisição do delegado de polícia, assegurando a ele autonomia técnica, científica e funcional, o que é muito importante para a lisura dos laudos oficiais.

Os Institutos de Criminalística, de Medicina Legal e de Identificação serão coordenados por peritos oficiais criminais das respectivas áreas que estejam na ativa e sejam da classe mais elevada.

Como mencionado acima, a Lei n. 12.830, de 20 de junho de 2013, já possibilitava ao delegado de polícia, mediante requisição fundamentada, acesso aos bancos de dados de unidades técnico-científicas não integradas à instituição, sendo certo que a presente lei o possibilita a todos os policiais civis.

Seção IX – Das Unidades de Apoio Administrativo e Estratégico

> *Art. 16. Às unidades de apoio administrativo, vinculadas diretamente ao Delegado-Geral de Polícia Civil e dirigidas preferencialmente por policiais civis com habilitação técnica comprovada na respectiva área de atuação, incumbem os atos de suporte administrativo e estratégico de gestão.*

As unidades de apoio administrativo e estratégico fazem parte da estrutura organizacional básica da polícia civil (artigo 7º, inc. VIII).

As unidades de apoio são de suma importância, pois são elas atividade de meio para dar suporte ao policial civil para que possa desenvolver seu trabalho de polícia.

As unidades têm por finalidade a coordenação, orientação, avaliação e execução das atividades de planejamento relacionadas ao orçamento, à contabilidade e à administração financeira, bem como à gestão de recursos humanos, patrimônio, manutenção, transportes, documentos e demais recursos logísticos.

É importante ressaltar que serão elas dirigidas preferencialmente por policiais civis com habilitação técnica comprovada na respectiva área de atuação, sendo ainda necessário, em nosso modo de entender, que a equipe receba um *pro labore* condizente com suas funções, pois, sem esse apoio, não conseguirão os policiais civis da atividade-fim desenvolver suas atividades.

Atualmente, na Polícia Civil do Estado de São Paulo, a Delegacia-Geral, os Departamentos e as Delegacias Seccionais, são unidades gestoras, as quais são responsáveis pelas compras, na maioria das vezes por meio das licitações.

Tais unidades merecem uma atenção especial, pois todo o trabalho a ser desenvolvido pelo policial civil está permeado pelos meios colocados à disposição pelas unidades gestoras.

É certo que tais unidades de apoio administrativo vão além disso, pois devem ser notados também os recursos humanos, os quais são responsáveis por toda a vida funcional do policial civil.

O Artigo 5º da nova lei traz algumas diretrizes a serem observadas pela polícia civil, sendo o planejamento estratégico e sistêmico uma delas, pois esse processo de definir as metas e como alcançá-las deve acompanhar toda gestão púbica.

O legislador, preocupado com o trabalho a ser desempenhado pelos policiais civis, colocou de forma imperativa que os Delegados-Gerais das Polícias Civis devem apresentar, até 30 (trinta) dias após sua nomeação, planejamento estratégico de gestão (Artigo 8º, parágrafo único).

Seção X – Das Unidades de Saúde

> *Art. 17. Os Estados, o Distrito Federal e os Territórios ficam autorizados a instituir, em benefício dos policiais civis, dos seus dependentes e pensionistas, no exercício de suas competências orçamentárias, unidades de saúde destinadas a dar assistência ambulatorial, clínica, psicológica, psiquiátrica e terapêutica e a encaminhar cirurgias de maior complexidade a outras unidades de saúde especializadas.*
>
> *Parágrafo único. Os quadros das unidades de saúde criadas para os fins deste artigo devem ser contratados exclusivamente por meio de processo seletivo específico vigente ou mediante contratos de gestão com organizações sociais de saúde.* ***(Vetado)***

O problema da saúde dos policiais é crônico, demandando de forma urgente uma ação dos entes federativos, pois a função do policial civil não se resume apenas às escalas extenuantes, mas também implica estado de alerta constante, aumentando assim seus problemas de saúde e uma escalada assustadora de suicídios.

A disparidade com que é tratada a saúde dos policiais civis com outras forças de segurança é gritante. Há estados em que se dá atenção para determinada força policial com hospitais, convênios etc., enquanto a polícia civil fica abandonada, sem qualquer proteção, como se os seres humanos que compõem as forças de segurança fossem diferentes.

O que se pleiteia é a uniformização de atenção à saúde de todos os policiais, pois estão eles incumbidos da mesma missão e fazem parte da mesma estrutura do estado.

Embora o legislador tenha autorizado os entes federativos a instituir as unidades de saúde, penso que seria melhor os convênios com hospitais e clínicas de saúde.

Deveriam os entes federativos contratar planos de saúde para os policiais civis, pois a instituição de unidades de saúde em benefício dos policiais civis, dos seus dependentes e pensionistas, vai dificultar o acesso ao tratamento de saúde, tendo em vista que o nosso país tem dimensões continentais.

O parágrafo único foi vetado tendo em vista tratar de processo seletivo e não a contratação correta que deve ser por concurso público, conforme o disposto no inciso II do *caput* do Artigo. 37 da Constituição Federal.

Seção XI – Das Unidades de Tecnologia

Luís Gonzaga da Silva Neto

A presente seção trata sobre a possibilidade de as polícias civis estabelecerem uma unidade centralizada de tecnologia, destinada a diversos propósitos, como estudo, desenvolvimento, implantação, pesquisa e organização de instrumentos e mecanismos tecnológicos.

> *Art. 18. As polícias civis podem constituir unidade centralizada de tecnologia para fins de estudo, de desenvolvimento, de implantação, de pesquisa e de organização de instrumentos e mecanismos tecnológicos.*

Unidade Centralizada de Tecnologia: refere-se a uma estrutura organizacional dentro das polícias civis, que terá a incumbência de gerir todas as questões, seja de cunho operacional ou de governança, relacionadas à tecnologia, em que atuará de forma integrada e coordenada. Ademais, a UCT também atuará em atividades relacionadas a estudo, desenvolvimento, implantação, pesquisa e organização de instrumentos e mecanismos tecnológicos. Sua função é garantir que a instituição policial esteja atualizada com as últimas tecnologias disponíveis e seja capaz de utilizá-las de maneira eficaz em suas operações. Esse tipo de unidade é essencial para acompanhar os avanços tecnológicos e aplicá-los de forma eficaz na atividade policial. Na mesma toada, a UCT funcionará como um centro de excelência para promover a inovação e aprimoramento contínuo dos métodos e ferramentas utilizados pelas polícias civis. A criação de uma unidade centralizada desse tipo demonstra o reconhecimento da importância da tecnologia na segurança pública e o compromisso em manter as forças policiais atualizadas e eficientes.

Capítulo IV

Dos Policiais Civis

Seção I – Do Quadro Policial

A presente seção estabelece o quadro de servidores da polícia civil, delineando os cargos de nível superior que integram sua estrutura fundamental. Entre os cargos listados estão o de delegado de polícia, oficial investigador de polícia e perito oficial criminal, este último sob a condição de o órgão central de perícia oficial de natureza criminal estar integrado na estrutura da polícia civil. Referidos cargos são efetivos e considerados permanentes e essenciais ao funcionamento das polícias civis, devendo suas atividades serem desempenhadas exclusivamente pelos ocupantes dos cargos designados pela lei, sem prejuízo de outras definidas em legislações específicas.

Ademais, os cargos efetivos da polícia civil possuem suas atribuições definidas na Constituição Federal, no Código de Processo Penal e em legislações complementares, assegurando um arcabouço jurídico sólido para o exercício de suas funções. Importante ressaltar que os ocupantes desses cargos desempenham autoridade dentro de limites legalmente estabelecidos, assegurando assim a legalidade e a legitimidade de suas ações no desempenho de suas atribuições. Desta feita, são estabelecidas as bases estruturais e legais que regem o funcionamento e a atuação dos servidores da polícia civil de acordo com os preceitos constitucionais e legais estabelecidos.

Art. 19. O quadro de servidores da polícia civil, cujas atribuições são de nível superior, é integrado pelos seguintes cargos:

I – delegado de polícia;

II – oficial investigador de polícia; e

III – perito oficial criminal, se o órgão central de perícia oficial de natureza criminal estiver integrado na estrutura da polícia civil.

§ 1º Os cargos efetivos da polícia civil são considerados permanentes, típicos de Estado e essenciais ao funcionamento da instituição para todos os efeitos legais, e suas atividades devem ser exercidas exclusivamente pelos ocupantes dos cargos previstos nesta Lei ou em lei do respectivo ente federativo.

§ 2º Os cargos efetivos da polícia civil têm suas atribuições definidas na Constituição Federal, no Decreto-Lei nº 3.689, de 3 de outubro de 1941 (Código de Processo Penal), e na legislação extravagante, sem prejuízo de outras definidas em leis e regulamentos.

§ 3º Os ocupantes dos cargos da polícia civil exercem autoridade nos limites de suas atribuições legais.

Nível Superior dos Integrantes da Polícia Civil: O nível superior dos integrantes da polícia civil é de suma importância para o efetivo funcionamento e eficácia das atividades desempenhadas por essa instituição essencial para a segurança pública. Esses profissionais, que ocupam cargos de delegado de polícia, oficial investigador e perito oficial criminal, desempenham funções estratégicas que exigem conhecimento técnico, habilidades específicas e capacidade analítica. Inicialmente, o delegado de polícia, autoridade que preside as investigações, reclama uma formação superior em Direito, tendo em vista que no exercício de suas funções procede a interpretação de leis, condução de oitivas, a tomada de decisões importantes como é o caso da lavratura do auto de prisão em flagrante e o indiciamento, tratando-se de atuação essencial para a tutela de direitos e garantias individuais, além de buscar materializar a conformidade procedimental-investigativa com os preceito e princípios legais e constitucionais. O oficial investigador de polícia, por sua vez, realiza trabalhos de campo, coleta de informações, diligências e apoio às investigações, contribuindo para a produção probatório, reunião de elementos informativos e a elucidação de casos complexos. Ainda, temos o perito oficial criminal, quando presente na estrutura da polícia civil, desempenha um papel crucial na análise técnica e científica de evidências físicas e digitais encontradas em locais de crime. Seu conhecimento especializado em áreas como biologia, química, física, informática, medicina forense, dentre outras, é fundamental para a produção de laudos periciais precisos, que fornecem subsídios importantes para as investigações e processos criminais. Isto posto, o nível superior dos integrantes da polícia civil não apenas garante a qualidade e a legalidade das atividades desenvolvidas pela instituição, mas também fortalece a credibilidade e a confiança da sociedade no trabalho policial, contribuindo para a segurança e a justiça para todos.

Delegado de Polícia: De acordo com o art. 144, §4º, da Constituição Federal, as polícias civis serão dirigidas por delegados de polícia de carreira. A Lei nº 12.830/2013, em seu art. 2º, dispõe que as funções de polícia judiciária e a apuração de infrações penais e exercidas pelo delegado de polícia são de natureza jurídica, essenciais e exclusivas de Estado. Ademais, ao delegado de polícia, na qualidade de autoridade policial, cabe a condução da investigação criminal por meio de inquérito policial ou outro procedimento previsto em lei, que tem como objetivo a apuração das circunstâncias, da materialidade e da autoria das infrações penais. Durante a investigação criminal, cabe ao delegado de polícia a requisição de perícia, informações, documentos e dados que interessem à apuração dos fatos. O princípio do delegado de polícia natural encontra-se assentado no §4º, do art. 2º da Lei nº 12.830/2013, onde prevê que o inquérito policial ou outro procedimento previsto em lei em curso somente poderá ser avocado ou redistribuído por superior hierárquico, mediante despacho fundamentado, por motivo de interesse público ou nas hipóteses de inobservância dos procedimentos previstos em regulamento da corporação que prejudique a eficácia da investigação. No que se refere a inamovibilidade, apesar de não constar como uma prerrogativa da autoridade policial, a remoção do delegado de polícia dar-se-á somente por ato fundamentado, não estando submetida a meros devaneios polícias e jogos de interesses de outra ordem, com o fito de assegurar a independência funcional necessário para o exercício de suas funções. Por fim, o ato de indiciamento é privativo do delegado de polícia, em que dar-se-á por ato fundamentado, mediante análise técnico-jurídica do fato, onde deverá indiciar a autoria, materialidade e as respectivas circunstâncias. Consoante exposto alhures, o cargo de delegado de polícia é privativo de bacharel em Direito, devendo-lhe ser dispensado o mesmo tratamento protocolar que recebem os magistrados, os membros da Defensoria Pública e do Ministério Público e os advogados. A liderança dos delegados de polícia de carreira contribui para a estabilidade e a continuidade das políticas de segurança pública, promovendo a profissionalização e a especialização das atividades policiais.

Oficial Investigador de Polícia: O cargo de "oficial investigador de polícia" surge como uma inovação no contexto das polícias civis, adicionando uma nova categoria profissional às atividades de investigação. Referida novidade promoveu a junção dos cargos de agente de polícia (ou investigador de polícia) com o de escrivão de polícia. Desta forma, as atribuições de investigação de campo e cartorárias passaram a se concentrar no único cargo, sendo este o de oficial investigador. Os oficiais investigadores de polícia desempenham um papel fundamental na condução de investigações criminais, auxiliando os delegados de polícia em diversas etapas do processo investigativo. Suas atribuições podem incluir a coleta de informações, o levantamento de provas e elementos informativos, a realização de diligências, e outras atividades relacionadas à apuração de delitos. Com essa nova categoria profissional, as polícias civis buscam aprimorar suas atividades investigativas e fortalecer o combate à criminalidade, garantindo maior segurança e proteção à sociedade.

Perito Criminal: O cargo de "perito criminal" desempenha um papel crucial no sistema de segurança pública, atuando na produção de provas técnicas e científicas que subsidiarão as investigações criminais. Os peritos criminais são responsáveis por realizar exames e análises em locais de crime, materiais e vestígios encontrados, utilizando conhecimentos especializados em diversas áreas, como biologia, química, física, informática forense, entre outras. Suas atribuições incluem a coleta e preservação de evidências, a elaboração de laudos periciais e a apresentação de pareceres técnicos que auxiliam na identificação de autores de crimes, na reconstrução de eventos e na produção de provas para embasar processos judiciais. Ademais, os peritos criminais podem ser chamados a depor como testemunhas especializadas em casos judiciais. A atuação dos peritos criminais é regida por normas técnicas e éticas que visam garantir a qualidade e a imparcialidade de seus trabalhos, contribuindo para a busca da verdade e para a aplicação da justiça. A Lei nº 12.030/2009 que dispõe sobre as perícias oficiais, em seu art. 2º, prevê que no exercício da atividade de perícia oficial de natureza criminal, é assegurado autonomia técnica, científica e funcional, exigido concurso público, com formação acadêmica específica, para o provimento do cargo de perito oficial. O art. 3º dispõe que em razão do exercício das atividades de perícia oficial de natureza criminal, os peritos de natureza criminal estão sujeitos a regime especial de trabalho, observada a legislação específica de cada ente a que se encontrem vinculados. Noutro vértice, a perícia ganhou grande notoriedade no sistema processual penal brasileiro com a entrada em vigor da Lei nº 13.964/2019, conhecida como Pacote Anticrime, que inseriu no Código de Processo Penal toda a sistemática da cadeia de custódia, especificamente do art. 158-A ao art. 158-F.

Cargos Permanentes, Típicos de Estado e Essenciais: Os cargos da polícia civil são considerados permanentes, típicos de Estado e essenciais para o funcionamento da instituição e para o cumprimento de suas atribuições legais. Essas características ressaltam a importância e a natureza fundamental dos cargos ocupados por delegados de polícia, oficiais investigadores e peritos criminais dentro da estrutura da polícia civil. Consoante o dispositivo legal, os cargos da polícia civil são permanentes, ou seja, ao servidor é assegurado o direito constitucional à estabilidade, após decorridos três anos de exercício, desde que obtenha a devida habilitação em regular avaliação de desempenho. A expressão "carreira típica de Estado" é comumente utilizada no contexto do direito administrativo e constitucional brasileiro para se referir a carreiras cujas atribuições e responsabilidades estão relacionadas a "atividades exclusivas de Estado". De acordo com o art. 247 da Constituição Federal, incluído pela emenda constitucional 19/98, também conhecida como "Reforma Administrativa" ou "Reforma do Estado", a legislação estabelecerá critérios e garantias especiais para a perda do cargo pelo servidor público estável que, em decorrência das atribuições de seu cargo efetivo, desenvolva atividades exclusivas de Estado. Em havendo insuficiência de desempenho, a perda do cargo somente ocorrerá mediante processo administrativo em que seja garantido ao servidor o contraditório e a ampla defesa. Logo, a terminologia em referência, está associada historicamente à exigência de concurso público e de fixação de regime estatutário àqueles que exercem atividades inerentes ao estado como Poder Público sem correspondência do setor privado, consoante previsto nos arts. 2º e 3º da Lei nº 6.185/1974.

Exclusividade: A referência à "exclusividade" dos ocupantes dos cargos efetivos da polícia civil destaca a singularidade e a responsabilidade inerentes a essas funções dentro da estrutura da instituição. Tal disposição implica que as atividades e atribuições relacionadas a esses cargos devem ser desempenhadas apenas pelos profissionais designados para ocupá-los, conforme estabelecido na legislação específica. A restrição da atuação a profissionais legalmente habilitados assegura a competência e a autoridade necessárias para o exercício das atribuições policiais. Desta forma, ao estabelecer a exclusividade, busca-se evitar a sobreposição de funções e a interferência de pessoas não qualificadas nas atividades policiais, promovendo assim a eficiência e a segurança das ações desenvolvidas pela instituição.

Atribuições com previsão constitucional: As atribuições dos cargos efetivos da polícia civil são definidas em diferentes normas legais, destacando-se a Constituição Federal, o Decreto-Lei nº 3.689/1941 – Código de Processo Penal, e a legislação extravagante. Essas normativas estabelecem as competências e responsabilidades dos profissionais que ocupam os cargos na polícia civil, delineando suas atividades no âmbito da segurança pública. Na Constituição Federal, as atribuições dos integrantes da polícia civil são tratadas em diversos dispositivos, especialmente no artigo 144, que dispõe sobre a organização e competência das instituições responsáveis pela segurança pública. Por exemplo, o inciso IV do artigo 144 atribui à polícia civil a função de apuração das infrações penais, cabendo-lhe a investigação e a coleta de provas para a persecução criminal. Já o Decreto-Lei nº 3.689/1941, que instituiu o Código de Processo Penal, estabelece procedimentos relacionados à atuação da polícia civil na condução das investigações criminais, regulamentando aspectos como a instauração do inquérito policial, os poderes de investigação dos delegados de polícia e a formalização das diligências realizadas durante a apuração de crimes. O art. 4º do CPP dispõe que a polícia judiciária será exercida pelas autoridades policiais no território de suas respectivas circunscrições e terá por fim a apuração das infrações penais e da sua autoria. A legislação extravagante, que compreende leis específicas sobre diferentes temas, também pode estabelecer atribuições adicionais para os cargos da polícia civil, complementando as disposições da Constituição e do Código de Processo Penal, em que poderá tratar sobre questões como a organização interna da polícia civil, os direitos e deveres dos seus integrantes, e as prerrogativas para o exercício das funções policiais.

Autoridade Legalmente Delimitada: Os profissionais que ocupam cargos na polícia civil têm autoridade para exercer suas funções dentro dos limites estabelecidos por lei. Dentro desse contexto, os ocupantes dos cargos da polícia civil têm a responsabilidade de atuar de acordo com as normas legais, respeitando os direitos individuais e os princípios fundamentais do ordenamento jurídico. Suas atribuições incluem desde a investigação de crimes até a preservação da ordem pública e a proteção da sociedade, sempre observando os limites impostos pela lei. Essa restrição da autoridade aos limites legais é fundamental para garantir o Estado de Direito e proteger os cidadãos contra eventuais abusos de poder. Os profissionais da polícia civil devem agir de forma transparente, ética e responsável, cumprindo rigorosamente as normas e procedimentos estabelecidos, o que contribui para a legitimidade e eficácia de suas ações no combate à criminalidade e na promoção da segurança pública.

Seção II – Do Concurso, da Investidura e da Promoção

A presente seção trata sobre o funcionamento e a estruturação dos quadros de servidores das polícias civis que são regidos por dispositivos legais específicos que visam assegurar a eficiência e a qualidade dos serviços prestados por essas instituições. O artigo 20 estabelece requisitos essenciais para o ingresso nos cargos efetivos, destacando a necessidade de aprovação em concurso público, observados critérios como nacionalidade brasileira, idade mínima de dezoito anos, regularidade eleitoral e militar, além da capacidade física e mental para o exercício das funções. Ademais, são especificadas as exigências de formação para os cargos de oficial investigador de polícia, que demanda diploma de ensino superior em qualquer área, e para o cargo de perito oficial criminal, que requer graduação reconhecida pelo Ministério da Educação, podendo ser exigida habilitação legal específica de acordo com a área de atuação.

Já o artigo 21 trata da pontuação em prova de títulos no concurso para o cargo de delegado de polícia, em que o tempo de atividade policial civil é considerado, valorizando a experiência dos profissionais na área. Adicionalmente, são previstas outras etapas no certame, como a prova oral, que deve ser adotada como critério objetivo de avaliação. O texto ressalta ainda a importância do curso de formação profissional, podendo ser concedida ajuda de custo durante sua realização, e estabelece critérios para a promoção dos policiais civis, como antiguidade, tempo de serviço e merecimento. Por fim, são regulamentadas as possibilidades de permuta ou cessão de servidores entre entes federativos, garantindo direitos e prerrogativas aos profissionais envolvidos. Essas disposições evidenciam a complexidade e a relevância dos quadros das polícias civis, cujo funcionamento é essencial para a segurança pública e o Estado de Direito.

> *Art. 20. O quadro de servidores efetivos das polícias civis é composto por cargos de nível superior, em função da complexidade de suas atribuições, nos quais o ingresso depende de aprovação em concurso público de provas ou de provas e títulos, observados os seguintes requisitos:*
>
> *I – ser brasileiro;*
>
> *II – ter, no mínimo, 18 (dezoito) anos;*
>
> *III – estar quite com as obrigações eleitorais e militares; e*
>
> *IV – gozar de capacidade física e mental para o exercício do cargo.*
>
> *§ 1º Para o cargo de oficial investigador de polícia é exigido diploma de ensino superior completo, em nível de graduação, em qualquer área, reconhecido pelo Ministério da Educação.*

§ 2º Para o cargo de perito oficial criminal é exigido diploma de nível superior completo, em nível de graduação, reconhecido pelo Ministério da Educação, observado que os editais dos concursos públicos podem prever seleção por área de conhecimento e exigir habilitação legal específica, na forma da lei do respectivo ente federativo.

§ 3º Para o cargo de delegado de polícia são exigidos curso de bacharelado em Direito reconhecido pelo órgão competente e 3 (três) anos de atividade jurídica ou policial, cabendo ao Conselho Superior de Polícia Civil definir os requisitos para classificação como atividade jurídica.

§ 4º Para a investidura no cargo de delegado de polícia é exigida aprovação em concurso público de provas e títulos, com a participação da Ordem dos Advogados do Brasil em todas as fases do certame, vedada a participação na comissão do concurso de servidor da segurança pública que não integre os quadros da polícia civil.

§ 5º A comprovação de formação superior e atividade jurídica ou policial de que trata este artigo deve ocorrer no ato da posse.

§ 6º Lei do respectivo ente federativo pode estabelecer critérios para a realização e a seleção das etapas do concurso público destinado aos cargos efetivos das polícias civis, como as etapas de prova física, de exame psicotécnico, de avaliação médica e de investigação social.

Nível Superior dos Cargos: A exigência de nível superior para os cargos das polícias civis está fundamentada na complexidade das atribuições desempenhadas por esses profissionais. Em virtude das demandas variadas e muitas vezes intricadas enfrentadas no cotidiano policial, é imprescindível que os servidores possuam um sólido embasamento teórico e técnico, o qual é adquirido por meio de uma formação acadêmica de nível superior. Essa qualificação educacional proporciona aos profissionais as habilidades e competências necessárias para lidar com as diversas situações encontradas no exercício das atividades policiais, que vão desde a investigação de crimes até a elaboração de relatórios e pareceres técnicos. Nesse sentido, o requisito de nível superior contribui para a seleção de profissionais qualificados e comprometidos com a prestação de um serviço público de qualidade e eficiente, capaz de atender às demandas da sociedade de forma eficaz e responsável. Importante destacar que a comprovação de formação superior deve ocorrer apenas no ato da posse.

Necessidade de Concurso Público: A realização de concursos públicos, nos quais o ingresso depende da aprovação em provas ou provas e títulos, é um instrumento utilizado para garantir a seleção dos candidatos mais aptos e capacitados para o desempenho das funções policiais. Referida exigência visa assegurar a lisura, a transparência e a igualdade de oportunidades no acesso aos cargos da polícia civil. Ademais, trata-se da observância do princípio do concurso público descrito no inciso II, do art. 37, da Constituição Federal, onde prevê que a investidura em cargo ou emprego público depende de aprovação prévia em concurso público de provas ou de provas e títulos, de acordo com a natureza e a complexidade do cargo ou emprego, na forma prevista em lei, ressalvadas as nomeações para cargo em comissão declarado por lei de livre nomeação e exoneração. Por meio do concurso, os candidatos são submetidos a avaliações de conhecimentos, habilidades e competências específicas, assegurando que apenas os mais aptos e capacitados sejam selecionados para ocupar os cargos. Ademais, o concurso público é um instrumento essencial para a profissionalização e a valorização dos servidores públicos. A realização do concurso público também promove a renovação e o fortalecimento dos quadros das polícias civis, possibilitando a entrada de novos profissionais qualificados e comprometidos com a missão institucional. Ainda, ao estabelecer um processo seletivo transparente e democrático, o concurso público contribui para o fortalecimento da confiança da sociedade nas instituições públicas e na prestação de serviços de segurança.

Requisitos Gerais para Ingresso: Os requisitos estabelecidos para ingresso nos cargos de nível superior das polícias civis são fundamentais para garantir a adequação e a capacidade dos candidatos para o exercício das atribuições desses cargos. Primeiramente, é exigido que o candidato seja brasileiro, o que se justifica pela natureza das funções a serem desempenhadas, que envolvem a proteção e a segurança da sociedade brasileira. Importante ressaltar que não é necessário ser brasileiro nato, bastando que o candidato tenha a nacionalidade brasileira, logo, é possível que um brasileiro naturalizado ocupe um cargo de delegado de polícia, por exemplo. Além disso, é necessário que o candidato tenha no mínimo 18 (dezoito) anos de idade, o que é um requisito legal para o exercício de qualquer cargo público no país, esse critério visa garantir que o candidato tenha maturidade e responsabilidade para lidar com as demandas inerentes ao cargo policial. Outro requisito importante é estar em dia com as obrigações eleitorais e militares. Essa exigência busca assegurar que o candidato esteja em pleno exercício de seus direitos civis e deveres para com o Estado, demonstrando seu comprometimento com a ordem pública e a legalidade. Por fim, é fundamental que o candidato goze de capacidade física e mental para o exercício do cargo, exigência tem o escopo de assegurar que o candidato tenha condições físicas e psicológicas adequadas para lidar com as situações de estresse e pressão inerentes à função policial, bem como para desempenhar suas atribuições de forma eficiente e eficaz, garantindo a segurança e a proteção da população.

Requisitos do Cargo de Oficial Investigador: O cargo de oficial investigador de polícia requer que o candidato possua diploma de ensino superior completo, em nível de graduação, em qualquer área do conhecimento, desde que reconhecido pelo Ministério da Educação (MEC). Essa exigência evidencia a necessidade de formação acadêmica sólida e abrangente para o exercício das atividades inerentes ao cargo. A exigência de formação superior em qualquer área revela a importância do conhecimento multidisciplinar para o desempenho das atribuições do cargo. A exigência de que o diploma seja reconhecido pelo Ministério da Educação assegura a qualidade e a legitimidade da formação acadêmica do candidato, garantindo que ele esteja devidamente qualificado para exercer as responsabilidades do cargo com competência e profissionalismo. Ademais, essa medida visa promover a excelência na atuação dos oficiais investigadores, contribuindo para a eficácia e a credibilidade das investigações conduzidas pela polícia civil.

Requisitos do Cargo de Perito Oficial Criminal: O cargo de perito oficial criminal requer que o candidato possua diploma de nível superior completo em área de graduação reconhecida pelo Ministério da Educação (MEC). Essa exigência ressalta a importância de uma formação acadêmica sólida e qualificada para o exercício das atividades periciais, que envolvem análises técnicas e científicas fundamentais para a elucidação de crimes e a produção de provas técnicas. É destacado no texto que os editais dos concursos públicos podem prever a seleção por área de conhecimento específica, o que indica a necessidade de uma especialização ou habilitação legal em determinada área relacionada à perícia criminal. Essa medida visa garantir que os peritos possuam conhecimentos específicos e técnicos necessários para atuar eficientemente em sua área de expertise, contribuindo para a qualidade e a confiabilidade dos resultados das investigações. A exigência de que o diploma seja reconhecido pelo Ministério da Educação assegura a qualidade e a legitimidade da formação acadêmica do candidato, enquanto a possibilidade de seleção por área de conhecimento específica garante que os peritos possuam conhecimento técnico e científico adequados ao desempenho das atividades periciais. Esses requisitos são essenciais para garantir a competência e a credibilidade do trabalho dos peritos oficiais criminais, contribuindo para a eficácia e a imparcialidade das investigações criminais.

Requisitos do Cargo de Delegado de Polícia: Para ingressar no cargo de delegado de polícia, os candidatos devem atender a uma série de requisitos estabelecidos no texto legal. Inicialmente, é exigida a aprovação em concurso público de provas e títulos, o que implica em uma seleção rigorosa que avalia o conhecimento técnico, a capacidade intelectual e outras habilidades necessárias para o exercício das atribuições do cargo. É importante destacar que a participação da Ordem dos Advogados do Brasil (OAB) em todas as fases do certame é uma garantia de que o processo seletivo seja conduzido de forma transparente, ética e em conformidade com as normas e princípios legais. A presença da OAB assegura a idoneidade do concurso e contribui para a manutenção da qualidade e da credibilidade do processo de seleção dos futuros delegados de polícia. Na mesma toada, é vedada a participação na comissão do concurso de servidor da segurança pública que não integre os quadros da polícia civil. Essa restrição busca evitar possíveis conflitos de interesse e garantir a imparcialidade e a isenção no processo de seleção, uma vez que a comissão é responsável por conduzir e fiscalizar todas as etapas do certame, desde a elaboração do edital até a homologação do resultado final.

Atividade Jurídica ou Policial: A exigência de tempo de atividade jurídica ou policial para o ingresso no cargo de delegado de polícia é fundamental para assegurar que os profissionais que assumem essa função possuam a experiência e a expertise necessárias para desempenhar suas atribuições com eficiência e responsabilidade. O requisito de três anos de atividade jurídica ou policial estabelece um período mínimo durante o qual o candidato deve ter adquirido conhecimentos práticos relevantes para a função de delegado. Essa exigência busca assegurar que os candidatos tenham uma base sólida de conhecimento teórico e prático, adquirida por meio da vivência na área jurídica ou policial, antes de assumirem o cargo. No mesmo sentido, a necessidade de formação superior em Direito reconhecida pelo órgão competente complementa essa exigência, garantindo que os candidatos possuam o conhecimento técnico necessário para compreender e aplicar a legislação e a jurisprudência de forma adequada no exercício de suas funções. Noutro giro, cabe ao Conselho Superior de polícia civil definir os requisitos para classificação como atividade jurídica, o que confere uma certa flexibilidade para a interpretação e avaliação das atividades desempenhadas pelos candidatos. Isso permite uma avaliação mais abrangente das experiências profissionais dos candidatos, levando em consideração diferentes contextos e áreas de atuação. Em suma, a exigência de tempo de atividade jurídica ou policial para o cargo de delegado de polícia é um critério importante para garantir a qualidade e a eficiência do serviço prestado por esses profissionais, contribuindo para a segurança e o bem-estar da sociedade. Por fim, a comprovação de atividade jurídica ou policial deve ocorrer apenas no ato da posse.

Disciplina legal específica dos entes federativos: A possibilidade de a lei do respectivo ente federativo estabelecer critérios para a realização e seleção das etapas do concurso público destinado aos cargos efetivos das polícias civis é uma prerrogativa fundamental para adequar o processo seletivo às especificidades regionais e às demandas locais. Essa flexibilidade permite que cada Estado ajuste as etapas do concurso de acordo com suas necessidades e características particulares. Por exemplo, a inclusão de uma prova física específica pode ser relevante em regiões onde o trabalho policial exige uma boa condição física, como em áreas de fronteira ou de alto índice de criminalidade. O exame psicotécnico é outra etapa importante que pode ser determinada pela legislação estadual, visando avaliar aspectos psicológicos e emocionais dos candidatos, garantindo que possuam o perfil adequado para exercer as funções policiais, que muitas vezes envolvem situações de estresse e pressão. A avaliação médica é essencial para verificar se os candidatos estão aptos física e mentalmente para desempenhar as atividades inerentes ao cargo policial, garantindo a segurança tanto dos próprios candidatos quanto da sociedade que serão responsáveis por proteger. No mesmo caminho, a investigação social, que pode ser realizada como parte do processo seletivo, tem o objetivo de verificar antecedentes criminais, condutas sociais e idoneidade moral dos candidatos, assegurando que apenas pessoas éticas e íntegras ingressem na corporação policial. Portanto, a possibilidade de estabelecer critérios específicos para o concurso público das polícias civis permite uma seleção mais criteriosa e alinhada às necessidades locais, garantindo a qualidade e a eficiência do serviço policial prestado à comunidade.

> *Art. 21. O tempo de atividade policial civil deve ser considerado para pontuação em prova de títulos no concurso público para o cargo de delegado de polícia, valorado em 30% (trinta por cento) da pontuação máxima da prova de títulos, na proporção mínima de 0,5 (meio ponto) e máxima de 2 (dois) pontos percentuais por ano de serviço, podendo os pontos ser escalonados ou não, de acordo com o respectivo edital.*
>
> *§ 1º O edital do concurso para delegado de polícia pode prever pontuação, na prova de títulos, de tempo de atividade nos órgãos previstos no* caput *do art. 144 da Constituição Federal, conforme legislação do respectivo ente federativo.*
>
> *§ 2º A pontuação da prova de títulos deve corresponder a, no mínimo, 10% (dez por cento) do total da nota do certame.*
>
> *§ 3º Os concursos públicos para o cargo de delegado de polícia devem adotar a prova oral como etapa do certame, assegurados critérios objetivos para aferição da nota, sistema de auditoria e recurso individualizado dos candidatos quanto ao gabarito apresentado pela banca examinadora e ao resultado provisório da nota.*
>
> *§ 4º Os entes federativos podem adotar o critério referido no* caput *deste artigo nos concursos públicos para os demais cargos efetivos da polícia civil.*

Prova de Títulos e Tempo de Atividade Policial Civil: A consideração do tempo de atividade policial civil para pontuação na prova de títulos no concurso público para o cargo de delegado de polícia é uma medida relevante para valorizar a experiência profissional dos candidatos e reconhecer o tempo dedicado ao serviço policial. Essa pontuação, que corresponde a 30% da pontuação máxima da prova de títulos, é um critério que busca premiar a dedicação e o conhecimento adquirido ao longo da carreira policial. A valorização do tempo de serviço é um reconhecimento da importância da experiência prática na formação de um delegado de polícia qualificado. Ao considerar o tempo de atividade policial civil para pontuação na prova de títulos, o concurso público leva em conta não apenas a formação acadêmica, mas também a trajetória profissional e o conhecimento adquirido no exercício das funções policiais. Essa pontuação é calculada com base na proporção de meio ponto a dois pontos percentuais por ano de serviço, podendo variar de acordo com o edital do concurso. Essa flexibilidade permite que os critérios de pontuação sejam adaptados às especificidades de cada processo seletivo, levando em consideração aspectos como a natureza das atividades desenvolvidas pelo candidato e a relevância de sua experiência para o cargo almejado. Ao incluir o tempo de atividade policial civil como critério de pontuação na prova de títulos, o concurso público para o cargo de delegado de polícia valoriza a experiência dos profissionais que já atuam na área e incentiva o desenvolvimento profissional contínuo dos servidores públicos.

Tempo de Atividade nos Órgãos de Segurança Pública: A previsão de pontuação na prova de títulos do concurso para delegado de polícia, considerando o tempo de atividade nos órgãos previstos no art. 144 da Constituição Federal, representa um reconhecimento da relevância da experiência profissional na área de segurança pública. Esta medida visa valorizar o conhecimento adquirido pelos candidatos durante sua atuação em órgãos relacionados à segurança, como as próprias polícias civis, as polícias militares, os corpos de bombeiros, a polícia federal, a polícia rodoviária federal, a polícia ferroviária federal e a polícia penal estadual e federal. No que tange às guardas municipais, a Terceira Seção do Superior Tribunal de Justiça (STJ) estabeleceu que, apesar de integrar o sistema de segurança pública – conforme afirmado pelo Supremo Tribunal Federal (STF) na ADPF 995 – não possui as funções ostensivas típicas da polícia militar nem as investigativas próprias da polícia civil. Desta forma, o candidato que por ventura já tenha integrado os quadros de alguma das guardas municipais dos municípios brasileiros, terá o benefício da pontuação na prova de títulos para o cargo de delegado de polícia. A inclusão desse critério no edital do concurso permite que os candidatos que possuem experiência prévia nessas áreas sejam pontuados de acordo com o tempo de serviço prestado, desde que atendam aos requisitos estabelecidos pela legislação do respectivo ente federativo. Essa pontuação adicional na prova de títulos contribui para a valorização da destreza dos profissionais que já atuam na área de segurança pública. Ainda mais, ao considerar o tempo de atividade em órgãos relacionados à segurança pública como critério de pontuação, o edital do concurso para delegado de polícia amplia as oportunidades de ingresso na carreira para profissionais que já possuem experiência prévia no setor, enriquecendo o quadro de servidores com perfis diversificados e ampliando a capacidade da polícia civil de atender às demandas da sociedade de forma eficaz e qualificada.

> *Art. 22. Durante o curso de formação profissional, de caráter eliminatório, pode ser concedida ajuda de custo não inferior a 50% (cinquenta por cento) do valor da remuneração prevista em lei para a classe inicial do respectivo cargo, na forma da lei do respectivo ente federativo.*

Ajuda de Custo: A concessão de ajuda de custo durante o curso de formação profissional para os aprovados em concursos públicos das polícias civis é uma medida que visa garantir condições mínimas para que os candidatos possam se dedicar integralmente ao processo de capacitação sem sofrer prejuízos financeiros significativos. Essa ajuda de custo não inferior a 50% da remuneração prevista em lei para a classe inicial do respectivo cargo representa um apoio financeiro essencial para os futuros servidores que ainda não estão recebendo o salário integral da função. O caráter eliminatório do curso de formação profissional implica que os candidatos devem ser aprovados nessa etapa para poderem ser efetivamente nomeados e ingressarem na carreira. Portanto, a concessão da ajuda de custo durante esse período não apenas contribui para a manutenção dos candidatos ao longo do curso, mas também incentiva o empenho e a dedicação dos mesmos, uma vez que não precisam se preocupar com questões financeiras durante esse período crucial de preparação. Essa medida, prevista na legislação do respectivo ente federativo, demonstra o compromisso com a valorização e o apoio aos futuros servidores das polícias civis, garantindo que o processo seletivo seja conduzido de forma justa e equitativa, sem prejudicar aqueles que, porventura, não possuam recursos financeiros suficientes para arcar com as despesas decorrentes do curso de formação.

> *Art. 23. Os editais dos concursos públicos para provimento dos cargos efetivos das polícias civis podem impor tempo mínimo de permanência na unidade policial de lotação inicial, de acordo com indicadores de criminalidade e necessidades de interesse público.*
>
> *Parágrafo único. A investidura em cargo da polícia civil é feita na classe inicial.*

Tempo Mínimo de Permanência na Lotação Inicial: O estabelecimento de um tempo mínimo de permanência na unidade policial de lotação inicial, conforme indicado nos editais dos concursos públicos para cargos efetivos das polícias civis, visa atender às demandas específicas relacionadas à segurança pública, considerando os indicadores de criminalidade e as necessidades de interesse público em determinadas localidades. Essa medida tem como objetivo garantir a estabilidade e a continuidade dos serviços prestados pela polícia civil em áreas estratégicas ou com maior incidência de crimes, contribuindo para a eficácia das ações de segurança desenvolvidas. Ao impor um tempo mínimo de permanência na lotação inicial, os concursos públicos buscam assegurar que os servidores recém-ingressados tenham a oportunidade de se familiarizar com a realidade local, compreender as dinâmicas criminais da região e estabelecer vínculos com a comunidade atendida. Isso proporciona uma maior integração dos novos policiais civis ao ambiente de trabalho, favorecendo a construção de relações de confiança e parceria com a população. Além disso, ao considerar os indicadores de criminalidade e as necessidades de interesse público, os editais dos concursos públicos têm o intuito de direcionar os novos servidores para áreas prioritárias, onde sua atuação seja mais demandada e impactante. Dessa forma, a imposição do tempo mínimo de permanência na lotação inicial não apenas fortalece o efetivo policial nessas regiões, mas também contribui para a promoção da segurança e o combate à criminalidade, atendendo aos anseios da sociedade por um serviço público de qualidade e eficiente.

Indicadores de Criminalidade: Os indicadores de criminalidade são dados estatísticos que fornecem informações sobre a ocorrência e a gravidade de diferentes tipos de crimes em determinadas áreas geográficas. Esses indicadores incluem uma variedade de medidas, como taxas de homicídios, roubos, furtos, violência doméstica, entre outros delitos, e são utilizados para avaliar a situação da segurança pública em uma região específica. Esses dados são fundamentais para subsidiar a elaboração de políticas de segurança, planejamento estratégico e alocação de recursos por parte das autoridades responsáveis pela aplicação da lei. No contexto dos concursos públicos para provimento de cargos efetivos nas polícias civis, os indicadores de criminalidade desempenham um papel crucial na definição do tempo mínimo de permanência na unidade policial de lotação inicial. Esses indicadores permitem identificar áreas que apresentam maiores índices de criminalidade e demandam uma atuação mais intensa das forças de segurança. Dessa forma, ao levar em consideração os indicadores de criminalidade, os editais dos concursos públicos buscam direcionar os novos policiais civis para regiões onde sua presença é mais necessária, contribuindo para o fortalecimento do efetivo policial e para a redução da criminalidade nessas localidades. Além disso, os indicadores de criminalidade também podem ser utilizados para monitorar a eficácia das políticas de segurança implementadas e identificar tendências de criminalidade em evolução. Com base nessas informações, as autoridades policiais podem ajustar suas estratégias de atuação e alocar recursos de forma mais eficiente, buscando prevenir a ocorrência de crimes e promover a segurança pública de maneira mais eficaz. Em suma, os indicadores de criminalidade são ferramentas fundamentais para o planejamento e a gestão da segurança pública, contribuindo para o combate à criminalidade e para a prestação de um serviço de segurança pública mais eficiente e concretamente efetivo.

Necessidades de Interesse Público: As necessidades de interesse público referem-se às demandas, prioridades e objetivos que visam atender aos interesses da coletividade e ao bem-estar da sociedade como um todo. No contexto dos concursos públicos para provimento dos cargos efetivos das polícias civis, as necessidades de interesse público desempenham um papel relevante na definição do tempo mínimo de permanência na unidade policial de lotação inicial. De início é importante ressaltar que as polícias civis desempenham um papel fundamental na manutenção da ordem pública, na prevenção e repressão de crimes e na garantia da segurança da população. Portanto, as necessidades de interesse público no âmbito dessas instituições incluem a importância em fortalecer o efetivo policial em áreas com maiores índices de criminalidade, garantindo a proteção da comunidade e a redução da violência. Outrossim, as necessidades de interesse público também estão relacionadas à otimização dos recursos humanos e materiais disponíveis, de modo a garantir uma distribuição equitativa e eficiente dos policiais civis em todo o território abrangido pela instituição. Isso implica em direcionar os novos servidores para unidades policiais que apresentam maior demanda operacional e estratégica, conforme revelado pelos indicadores de criminalidade e pelas análises de risco. Outro aspecto relevante é a promoção da continuidade e da estabilidade nos quadros das polícias civis, visando evitar a rotatividade excessiva de servidores e promover a capacitação e a especialização dos profissionais ao longo do tempo. Dessa forma, ao impor um tempo mínimo de permanência na lotação inicial, os concursos públicos buscam atender às necessidades de interesse público ao mesmo tempo em que proporcionam condições para o desenvolvimento profissional e a efetividade das atividades policiais.

Investidura na Classe Inicial: A expressão "investidura em cargo da polícia civil é feita na classe inicial" refere-se ao momento em que um servidor aprovado em concurso público é efetivamente empossado no cargo para o qual foi selecionado. Nesse contexto, "classe inicial" indica o primeiro nível da carreira dentro da estrutura funcional da polícia civil. Essa disposição ressalta que, ao ingressar na polícia civil, o servidor inicia sua trajetória na instituição no patamar inicial da carreira, independentemente de sua formação acadêmica, experiência profissional prévia ou outras qualificações. Esse princípio visa estabelecer critérios objetivos e igualdade de oportunidades para todos os candidatos aprovados no concurso público, evitando privilégios ou discriminações injustificadas. A atribuição da investidura na classe inicial também está relacionada à progressão na carreira dentro da polícia civil. A partir desse ponto, os servidores têm a oportunidade de avançar para classes superiores mediante critérios estabelecidos em lei, como tempo de serviço, avaliação de desempenho e realização de cursos de capacitação. Assim, a investidura na classe inicial representa o ponto de partida para o desenvolvimento profissional e ascensão na carreira dentro da instituição. Do mesmo modo, ao estabelecer que a investidura ocorre na classe inicial, a legislação busca garantir a adequada distribuição dos recursos humanos da polícia civil e o preenchimento das vagas disponíveis de forma transparente e imparcial. Dessa forma, o ingresso na classe inicial marca o início do exercício das atribuições do cargo e o comprometimento do servidor com a missão e os valores da instituição policial, além de reforçar princípios de igualdade, mérito e transparência no processo de seleção e contratação de servidores para o desempenho das atividades policiais. Essa medida contribui para a eficiência e a legitimidade das ações da polícia civil, promovendo a segurança e o bem-estar da sociedade.

> *Art. 24. A lei do respectivo ente federativo deve dispor sobre o fluxo regular e o equilíbrio quantitativo dos servidores nos cargos da polícia civil, com a previsão de realização periódica de concursos públicos.*
>
> *§ 1º O servidor que pedir exoneração antes de completar 3 (três) anos de exercício deve ressarcir ao erário competente os gastos com sua formação, proporcionalmente ao tempo de serviço.*
>
> *§ 2º As promoções dos policiais civis ocorrerão com base nos critérios de antiguidade, de tempo de serviço na carreira e de merecimento e podem, inclusive, ser realizadas* post mortem, *conforme disposto em lei específica do respectivo ente federativo.*
>
> *§ 3º Em situações específicas, lei do respectivo ente federativo disporá sobre a regulamentação da promoção dos policiais civis independentemente da existência de vagas.*
>
> *§ 4º As promoções de classes nos cargos da polícia civil devem ser estabelecidas pelos critérios definidos em lei específica, como tempo na carreira, aperfeiçoamento e merecimento.*
>
> *§ 5º Para promoção à classe mais elevada dos cargos efetivos da polícia civil, pode ser exigida a realização de curso de gestão pública ou equivalente, disponibilizado pela Escola Superior de Polícia Civil ou por outras instituições oficiais de ensino superior.*

> *§ 6º A lei do respectivo ente federativo pode dispor sobre outros critérios de promoção mais benéficos que os previstos nesta Lei.*

Realização Periódica de Concursos Públicos: O dispositivo legal destacado ressalta a importância da realização periódica de concursos públicos para provimento dos cargos da polícia civil, como forma de garantir o fluxo regular e o equilíbrio quantitativo dos servidores dentro da instituição. Essa disposição visa assegurar que o quadro de pessoal da polícia civil seja constantemente renovado e reforçado, de modo a atender às demandas da sociedade e às necessidades operacionais da corporação. A realização periódica de concursos públicos é fundamental para garantir a renovação dos quadros da polícia civil, permitindo a entrada de novos profissionais qualificados e aptos a desempenhar as atribuições inerentes aos cargos policiais. Além disso, essa prática contribui para evitar a sobrecarga de trabalho dos servidores em atividade, possibilitando a distribuição adequada das tarefas e o fortalecimento das equipes de trabalho nas delegacias. Ao estabelecer a previsão de realização periódica de concursos públicos, o legislador busca assegurar a continuidade e a estabilidade dos serviços prestados pela instituição, bem como a eficiência e a eficácia de suas ações no combate à criminalidade e na promoção da segurança pública. Dessa forma, a renovação regular do quadro de servidores contribui para a manutenção da ordem e da paz social, garantindo a proteção dos direitos e da integridade pessoal e patrimonial dos cidadãos. Outrossim, a periodicidade dos certames demonstra o compromisso do Estado em promover uma gestão transparente e democrática dos recursos humanos da polícia civil, assegurando igualdade de oportunidades no acesso aos cargos públicos e promovendo a meritocracia no serviço público, prática que também fortalece a instituição policial. Em suma, cuida-se de medida essencial para assegurar a qualidade, a eficiência e a legitimidade das atividades desenvolvidas pela instituição, contribuindo para o fortalecimento do Estado de direito e para a promoção do bem-estar da população.

Ressarcimento dos Custos com a Formação Profisisonal: Essa disposição visa resguardar o interesse público e proteger os investimentos realizados na formação do servidor, garantindo que os recursos públicos empregados na capacitação não sejam desperdiçados em casos de desligamento precoce. Ao determinar que o servidor exonerado deve ressarcir os gastos com sua formação, proporcionalmente ao tempo de serviço prestado, a legislação busca assegurar a justiça e a equidade na relação entre o Estado e seus servidores, evitando que o erário arque com os custos de uma capacitação que não gerou retorno efetivo em termos de prestação de serviços à sociedade. Essa medida também tem o objetivo de incentivar a permanência dos servidores na polícia civil, estimulando o comprometimento e a responsabilidade dos profissionais em relação a instituição. Importa ressaltar que o ressarcimento dos gastos com formação deve ser proporcional ao tempo de serviço prestado, evitando-se penalizações excessivas que possam desestimular a mobilidade profissional e a busca por novas oportunidades de carreira. Nesse sentido, a legislação deve estabelecer critérios claros e transparentes para o cálculo do ressarcimento, levando em consideração o período efetivamente trabalhado pelo servidor. Em suma, a exigência de ressarcimento ao erário por parte do servidor que solicitar exoneração antes de completar três anos de exercício é uma medida que visa proteger os interesses do Estado, garantindo a adequada utilização dos recursos públicos investidos na formação dos servidores, ao mesmo tempo em que busca promover a valorização e a estabilidade do serviço público policial.

Critérios para Promoção na Carreira: O texto legal aborda os critérios de promoção na carreira dos policiais civis, estabelecendo diferentes aspectos que devem ser considerados para a progressão profissional dentro da instituição. Inicialmente, destaca-se que as promoções ocorrerão com base em três critérios principais: antiguidade, tempo de serviço na carreira e merecimento. Esses critérios visam reconhecer e valorizar tanto a dedicação e o tempo de serviço do profissional, representados pela antiguidade e pelo tempo de serviço na carreira, quanto seu desempenho e mérito individual, representados pelo critério de merecimento. Por outro lado, o texto legal ressalta que as promoções podem ser realizadas *post mortem*, ou seja, mesmo após o falecimento do profissional, conforme estabelecido em legislação específica de cada ente federativo. Isso demonstra o reconhecimento da importância e contribuição do servidor mesmo após sua morte. Em situações específicas, a lei do respectivo ente federativo pode dispor sobre a regulamentação da promoção dos policiais civis independentemente da existência de vagas, o que permite uma maior flexibilidade na progressão na carreira, levando em consideração as necessidades e peculiaridades de cada Estado da federação. Para a promoção à classe mais elevada dos cargos efetivos da polícia civil, pode ser exigida a realização de curso de gestão pública ou equivalente, fornecido pela Escola Superior de Polícia Civil ou outras instituições oficiais de ensino superior. Isso evidencia a importância do aprimoramento profissional e da capacitação em áreas específicas para o desenvolvimento na carreira. Por fim, o texto destaca que a lei do respectivo ente federativo pode dispor sobre outros critérios de promoção mais benéficos que os previstos na legislação, o que confere uma certa margem de autonomia para os estados estabelecerem mecanismos que melhor atendam às demandas e particularidades locais, permitindo assim uma maior flexibilidade na definição dos critérios de promoção, de acordo com as necessidades e realidades de cada região.

> *Art. 25. A requerimento dos interessados, os ocupantes dos cargos efetivos da polícia civil podem exercer funções no âmbito de outro ente federativo, mediante permuta ou cessão, condicionada à autorização expressa dos respectivos governadores*

ou mediante delegação desses, atendida a legislação aplicável, sem qualquer prejuízo e asseguradas todas as prerrogativas, os direitos e as vantagens, bem como os deveres e as vedações estabelecidos pelo ente federativo de origem.

Parágrafo único· (O parágrafo único foi vetado pelo Presidente da República).

Exercício Funcional em outro Ente Federativo: O texto em questão aborda a possibilidade de os ocupantes dos cargos efetivos da polícia civil exercerem funções em outro ente federativo, seja por permuta ou cessão. Essa movimentação está condicionada à autorização expressa dos respectivos governadores ou mediante delegação desses, atendendo à legislação aplicável. Essa flexibilidade proporciona aos servidores da polícia civil a oportunidade de atuarem em diferentes localidades ou órgãos, caso haja interesse por parte dos envolvidos. A permuta ou cessão entre entes federativos pode ocorrer visando a atender demandas específicas, otimizar recursos humanos ou promover intercâmbio de conhecimentos e experiências entre diferentes instituições policiais. É importante ressaltar que essa movimentação deve ocorrer sem qualquer prejuízo aos direitos, prerrogativas e vantagens dos servidores, conforme estabelecido pela legislação do ente federativo de origem. Isso significa que os servidores continuarão a usufruir de todos os benefícios e garantias previstos em sua legislação de origem, mesmo durante o período em que estiverem exercendo suas funções em outro local. Igualmente, devem ser observados os deveres e vedações estabelecidos pelo ente federativo de origem, garantindo assim a observância das normas e regulamentos internos da instituição policial. Essa possibilidade de movimentação entre entes federativos contribui para a flexibilização da gestão de recursos humanos na área da segurança pública, permitindo uma maior mobilidade e aproveitamento do potencial dos servidores, de acordo com as necessidades e estratégias de cada região.

Seção III – Das Prerrogativas, das Garantias, dos Direitos, dos Deveres e das Vedações

Nesta seção, são delineados as prerrogativas, garantias, direitos, deveres e vedações dos integrantes da polícia civil, fundamentais para o adequado exercício de suas funções no âmbito da segurança pública. Também é destacado o papel central do delegado de polícia, conferindo-lhe a direção das atividades da instituição, bem como a responsabilidade pela presidência, comando e controle das investigações policiais. Ao presidir o inquérito policial, o delegado deve agir com imparcialidade e autonomia funcional, visando à efetividade da tutela penal, sempre respeitando os direitos fundamentais dos envolvidos.

Ademais, são delineadas as atribuições do oficial investigador de polícia, subordinado ao delegado, responsável por realizar diversas atividades apuratórias e procedimentais, sempre assegurando atuação técnica e científica. O texto ressalta a importância da produção de laudos investigativos e peças procedimentais com objetividade e rigor técnico, a serem posteriormente submetidos à apreciação da autoridade policial.

No mesmo vértice, é tratado sobre o papel do perito oficial criminal, incumbido da realização de perícias oficiais de natureza criminal sob requisição do delegado, garantindo-lhe autonomia técnica, científica e funcional. Por fim, é estabelecido o dever de todos os integrantes da polícia civil atuarem com imparcialidade, objetividade, técnica e cientificidade em suas atribuições, respeitando a hierarquia e a disciplina institucional.

> *Art. 26. O delegado de polícia, além do que dispõem as normas constitucionais e legais, detém a prerrogativa de direção das atividades da polícia civil, bem como a presidência, a*

determinação legal, o comando e o controle de apurações, de procedimentos e de atividades de investigação.

Parágrafo único. Cabe ao delegado de polícia presidir o inquérito policial, no qual deve atuar com isenção, com autonomia funcional e no interesse da efetividade da tutela penal, respeitados os direitos e as garantias fundamentais e assegurada a análise técnico-jurídica do fato.

Prorrogativa de Direção do Delegado de Polícia: O delegado de polícia ocupa uma posição central no contexto da polícia civil, detendo uma série de prerrogativas que são essenciais para o adequado funcionamento da instituição e para o cumprimento de suas atribuições legais. Além do que está previsto na legislação constitucional e infraconstitucional, o delegado tem a prerrogativa de dirigir todas as atividades da polícia civil, exercendo uma liderança que abrange desde a presidência até o controle de todas as fases das investigações criminais. Essas prerrogativas conferem ao delegado autoridade para determinar legalmente o desenvolvimento das apurações, procedimentos e atividades de investigação, desde a fase inicial até a conclusão das investigações. O delegado assume o comando das investigações, sendo responsável por coordenar as ações da equipe policial, estabelecer estratégias de atuação e garantir que os procedimentos sejam conduzidos de acordo com as normas legais, a jurisprudência e os princípios éticos. Essa posição de liderança e controle garante ao delegado a capacidade de tomar decisões fundamentais durante o curso das investigações, assegurando que sejam realizadas de forma imparcial, eficiente e em conformidade com os preceitos legais. Assim, o delegado desempenha um papel crucial no sistema de justiça criminal, contribuindo para a preservação da ordem pública e a promoção da segurança da sociedade.

Presidência do Inquérito Policial: Na condição de autoridade policial, é atribuição do delegado de polícia conduzir a investigação criminal através do inquérito policial ou outro processo estipulado pela legislação, visando apurar as circunstâncias, a materialidade e a autoria das infrações penais. Logo, o delegado de polícia desempenha um papel fundamental na condução do inquérito policial, sendo responsável por presidi-lo conforme estabelecido na legislação. Essa atribuição confere ao delegado autoridade para liderar todas as etapas do inquérito, desde a fase inicial de investigação até a sua conclusão. Ao presidir o inquérito policial, o delegado tem o dever de conduzir as investigações de forma imparcial, isenta e em conformidade com os princípios éticos e legais, devendo garantir que todas as diligências necessárias sejam realizadas para a correta apuração dos fatos, assegurando a análise técnico-jurídica do caso e o respeito aos direitos e garantias fundamentais dos envolvidos. Essa atribuição confere ao delegado autonomia funcional para tomar as decisões necessárias durante o curso das investigações, como a determinação de novas diligências, a coleta de provas, a oitiva de testemunhas e a requisição de perícias. Outrossim, cabe ao delegado zelar pela efetividade da tutela penal, buscando a responsabilização dos culpados e a promoção da justiça. De igual modo, a presidência do inquérito policial pelo delegado de polícia representa não apenas uma prerrogativa, mas também uma responsabilidade de grande importância no sistema de justiça criminal, contribuindo para a manutenção da ordem pública e a proteção dos direitos dos cidadãos.

Autonomia Funcional do Delegado de Polícia: A autonomia funcional do delegado de polícia é um princípio essencial que garante sua independência na condução das atividades de investigação e na tomada de decisões no âmbito da polícia civil. No exercício de suas atribuições, o delegado de polícia tem o poder de dirigir as atividades da polícia civil, determinar a realização de investigações, coordenar operações policiais, comandar apurações e procedimentos, além de presidir o inquérito policial. Essa autonomia tem como escopo permitir ao delegado a tomada de decisões fundamentais para a condução das investigações, como a realização de diligências, a coleta de provas, a oitiva de testemunhas e a solicitação de perícias, sem interferências externas indevidas. A autonomia funcional do delegado também se reflete na sua capacidade de agir de acordo com critérios técnicos e jurídicos, garantindo a observância dos princípios legais e dos direitos fundamentais durante todo o processo investigativo. Essa independência é crucial para assegurar a imparcialidade e a efetividade das investigações, contribuindo para a promoção da justiça e o combate à criminalidade. Portanto, a autonomia funcional do delegado de polícia é um pilar fundamental do sistema de justiça criminal, que visa garantir a eficiência e a legitimidade das atividades de investigação, fortalecendo a confiança da sociedade no trabalho policial e na aplicação da lei.

Função Garantidora do Delegado de Polícia: A função garantidora do delegado de polícia é um aspecto fundamental de sua atuação no sistema de justiça criminal. Além de conduzir investigações e presidir inquéritos policiais, o delegado tem a responsabilidade de assegurar o respeito aos direitos fundamentais e garantias individuais durante todo o processo. Essa função garantidora se manifesta de diversas formas ao longo das atividades desempenhadas pelo delegado. Primeiramente, cabe a ele garantir que todas as etapas da investigação sejam realizadas de acordo com os princípios legais e constitucionais, evitando abusos, arbitrariedades e violações dos direitos dos investigados e demais envolvidos. Por outro lado, o delegado atua como um filtro de legalidade, analisando as provas e evidências obtidas durante a investigação para garantir sua validade e admissibilidade no processo. Ele também tem o dever de zelar pela imparcialidade e objetividade na condução das apurações, evitando influências externas que possam comprometer a lisura do procedimento investigativo. Outro aspecto importante da função garantidora do delegado é a proteção dos direitos dos cidadãos durante o interrogatório e demais atos de instrução do inquérito policial, assegurando que os investigados sejam tratados com dignidade e respeito, garantindo o exercício do direito à ampla defesa e ao contraditório. Ademais, o delegado desempenha um papel chave na prevenção de abusos policiais e na promoção da transparência e *accountability* das instituições de segurança pública, em que sua atuação é pautada pela legalidade e pelo respeito aos direitos humanos, o que contribui para fortalecer a confiança da sociedade nas instituições policiais e no Estado Democrático de Direito como um todo. Por fim, conforme célebre frase emana do Ex-Ministro do Supremo Tribunal Federal Censo de Melo, proferida no âmbito do julgamento do HC 84548/SP: "O delegado de polícia é o primeiro garantidor da legalidade e da justiça".

> *Art. 27. O oficial investigador de polícia, além do que dispõem as normas constitucionais e legais, exerce atribuições apuratórias, cartorárias, procedimentais, de obtenção de dados, de operações de inteligência e de execução de ações investigativas, sob determinação ou coordenação do delegado de polícia, assegurada atuação técnica e científica nos limites de suas atribuições.*
>
> *Parágrafo único. O oficial investigador de polícia e os demais cargos da polícia civil, nos limites de suas atribuições, devem produzir, com objetividade, técnica e cientificidade, o laudo investigativo e as demais peças procedimentais, os quais devem ser encaminhados ao delegado de polícia para apreciação.*

Atribuições do Oficial Investigador de Polícia: O oficial investigador de polícia desempenha um papel fundamental no contexto das atividades de investigação policial, atuando em diversas frentes para contribuir com o esclarecimento de crimes e a manutenção da ordem pública. Suas atribuições, conforme descritas no texto legal, abrangem uma variedade de tarefas essenciais para o bom funcionamento da polícia civil. Em primeiro lugar, o oficial investigador realiza atividades apuratórias, que envolvem a coleta e análise de informações relevantes para a investigação de crimes, abarcando entrevistas com testemunhas, análise de documentos, levantamento de evidências e outras diligências necessárias para reunir elementos que subsidiem o trabalho investigativo. Além de tudo, o oficial investigador também desempenha funções cartorárias, responsabilizando-se pela organização e manutenção dos registros e documentos relacionados aos procedimentos investigativos. Desta forma, evidencia-se que houve uma unificação dos cargos de agente/investigador de polícia e de escrivão de polícia, o que exigirá uma reestruturação geral nas polícias judiciárias estaduais. Noutro giro, no âmbito procedimental, o oficial investigador está envolvido na condução e execução de procedimentos operacionais e administrativos necessários para o andamento das investigações, abarcando a elaboração de relatórios de investigação e o cumprimento de diligências determinadas pelo delegado de polícia. Igualmente, o oficial investigador é responsável pela obtenção de dados relevantes para subsidiar as investigações, utilizando métodos e técnicas adequadas para coletar informações de fontes variadas, através do acesso a bancos de dados, a realização de levantamentos e a análise de registros públicos e privados. Por fim, o oficial investigador participa de operações de inteligência e execução de ações investigativas sob a coordenação do delegado de polícia, contribuindo para o planejamento e a realização de atividades de combate ao crime e de preservação da ordem pública, atuando de forma técnica e científica, dentro dos limites de suas atribuições.

Laudo Investigativo: O laudo investigativo é uma peça fundamental no processo de investigação policial, pois consiste em um documento técnico-científico que apresenta os resultados das análises e diligências realizadas durante a apuração de um crime. Conforme estabelecido no texto legal, cabe ao oficial investigador de polícia e aos demais cargos da polícia civil, dentro dos limites de suas atribuições, a responsabilidade pela produção desse laudo, que deve ser confeccionado com objetividade, técnica e cientificidade. Para garantir a qualidade e a precisão do laudo investigativo, os profissionais envolvidos devem conduzir suas atividades de forma imparcial e técnica, seguindo os procedimentos e padrões estabelecidos pelas normas e regulamentos vigentes. Isso implica na utilização de métodos e técnicas adequadas de investigação, na coleta e análise criteriosa de evidências, e na elaboração de relatórios claros e concisos que reflitam fielmente os resultados obtidos. Além do laudo investigativo, os profissionais da polícia civil também são responsáveis pela produção de outras peças procedimentais, como relatórios de diligências, pareceres técnicos e documentos relacionados ao andamento da investigação. Esses registros são essenciais para documentar todas as etapas do processo investigativo, fornecendo subsídios para a tomada de decisão do delegado de polícia e para o desdobramento das ações subsequentes. Após a elaboração do laudo investigativo e das demais peças procedimentais, cabe ao delegado de polícia a apreciação desses documentos, com o objetivo de avaliar as conclusões apresentadas, verificar a consistência das informações e tomar as medidas cabíveis com base nas evidências reunidas. A atuação conjunta e coordenada entre os diversos profissionais envolvidos na investigação é fundamental para assegurar a qualidade e a eficácia do trabalho policial, contribuindo para o esclarecimento de crimes e para a promoção da justiça.

> *Art. 28. O perito oficial criminal, além do que dispõem a Constituição Federal, o Decreto-Lei nº 3.689, de 3 de outubro de 1941 (Código de Processo Penal), e a legislação extravagante, sem prejuízo de outras previsões constantes de leis e regulamentos, exerce atribuições de perícia oficial de natureza criminal, sob requisição do delegado de polícia, assegurada a ele autonomia técnica, científica e funcional.*

Perícia Oficial de Natureza Criminal: A perícia oficial de natureza criminal desempenha um papel fundamental no processo de investigação e elucidação de crimes. Conforme descrito no texto legal, o perito oficial criminal possui atribuições específicas definidas pela Constituição Federal, pelo Código de Processo Penal e por outras legislações pertinentes. Essas atribuições incluem a realização de exames e análises técnicas em diversas áreas, tais como balística, química forense, biologia molecular, documentoscopia, entre outras, com o objetivo de fornecer subsídios científicos para a identificação de autoria, materialidade e circunstâncias dos delitos. A perícia criminal desempenha papel importante na busca pela verdade real, fornecendo elementos técnico-científicos fundamentais para o desvendamento dos mais variados delitos. A qualidade e a imparcialidade do trabalho do perito oficial criminal são indispensáveis para assegurar a confiabilidade e a legitimidade do sistema de justiça criminal. Por fim, é importante destacar que nos quadros da polícia civil há cargos atrelados à perícia, como é o caso do médico legista, papiloscopista, agende-te de necrotomia, dentre outros. Logo, analisando o texto legal, percebe-se que houve uma unificação de todos estes cargos, passando referidos profissionais a condição de peritos criminais.

Poder Requisitório do Delegado de Polícia: O poder requisitório do delegado de polícia é uma prerrogativa essencial no exercício de suas atribuições investigativas. Conforme estabelecido no dispositivo legal em análise, o delegado tem a competência de requisitar a atuação do perito oficial criminal para a realização de perícias em casos criminais sob sua responsabilidade. Esse poder é respaldado pela Constituição Federal, pelo Código de Processo Penal e por outras normativas legais, conferindo ao delegado autoridade para determinar a produção de provas técnicas necessárias à elucidação dos fatos. Ao requisitar a perícia oficial de natureza criminal, o delegado busca obter elementos técnicos e científicos que possam subsidiar a investigação em curso. Essa requisição ocorre mediante a identificação da demanda específica para a realização de exames periciais, tais como análises balísticas, toxicológicas, papiloscópicas, entre outras, de acordo com as peculiaridades do caso em apuração. É importante destacar que, ao requisitar a atuação do perito oficial, o delegado assegura a este profissional a autonomia técnica, científica e funcional necessária para a realização de suas atividades. Isso significa que o perito tem liberdade para conduzir os exames e emitir seus laudos de forma imparcial, baseando-se exclusivamente em critérios técnicos e científicos, sem interferências externas que possam comprometer a qualidade e a objetividade de seu trabalho. Dessa forma, o poder requisitório do delegado de polícia representa um instrumento fundamental para a condução eficaz das investigações criminais, garantindo o acesso a recursos técnicos especializados que contribuem para a produção de provas robustas e fundamentadas, essenciais para a busca da verdade e a aplicação da justiça.

Autonomia Técnica, Científica e Funcional do Perito: A autonomia técnica, científica e funcional do perito oficial criminal é uma garantia fundamental para o exercício de suas atribuições periciais no contexto da investigação criminal. Conforme estabelecido no texto, essa autonomia é assegurada ao perito, independentemente das normas constitucionais, do Código de Processo Penal e de outras legislações pertinentes, e é vital para garantir a imparcialidade e a qualidade dos resultados obtidos nas perícias. Em termos técnicos, a autonomia do perito implica que ele possui liberdade para escolher os métodos, técnicas e procedimentos mais adequados para a realização dos exames periciais, levando em consideração as características específicas de cada caso e as melhores práticas científicas disponíveis. Isso garante que as análises realizadas sejam conduzidas de forma precisa e objetiva, contribuindo para a confiabilidade dos resultados obtidos. Além disso, a autonomia científica do perito significa que ele tem a liberdade de interpretar os dados e evidências obtidos durante a perícia de acordo com os princípios científicos aplicáveis à sua área de atuação. Isso implica em seguir critérios rigorosos de análise e evitar influências externas que possam comprometer a integridade e a objetividade de suas conclusões. Por fim, a autonomia funcional do perito refere-se à sua independência na condução das atividades periciais, sem interferências externas que possam prejudicar a imparcialidade e a qualidade de seu trabalho. Isso significa que o perito tem o direito de agir de acordo com sua expertise e julgamento profissional, sem pressões ou influências que possam comprometer a integridade das perícias. Em suma, a autonomia técnica, científica e funcional do perito oficial criminal é essencial para garantir a credibilidade e a eficácia das perícias realizadas no âmbito da investigação criminal, contribuindo para a busca da verdade e a promoção da justiça.

> *Art. 29. Todos os ocupantes de cargos efetivos da polícia civil, nos limites de suas atribuições legais e respeitada a hierarquia e a disciplina, devem atuar com imparcialidade, objetividade, técnica e cientificidade.*

Imparcialidade: A imparcialidade é uma qualidade essencial esperada de todos os ocupantes de cargos efetivos da polícia civil, conforme destacado no texto. Ela implica agir de maneira neutra e objetiva, sem deixar-se influenciar por interesses pessoais, políticos ou outros fatores externos, garantindo assim a equidade e a justiça nas suas ações e decisões. A imparcialidade é importante para assegurar a confiança da sociedade no trabalho realizado pela polícia civil, especialmente em contextos sensíveis como a investigação criminal. Ao atuar de forma imparcial, os policiais civis garantem que todas as partes envolvidas sejam tratadas com equidade e que as evidências sejam analisadas de maneira objetiva, sem viés ou preconceitos. Outrossim, a imparcialidade está intrinsecamente ligada à objetividade, técnica e cientificidade no exercício das atribuições policiais. Ao agir de forma imparcial, os policiais civis são capazes de conduzir investigações de maneira mais eficaz, baseadas em evidências sólidas e em conformidade com os princípios éticos e legais que regem a atividade policial. É importante ressaltar que a imparcialidade não significa falta de determinação ou firmeza na aplicação da lei, mas sim a capacidade de tomar decisões justas e equilibradas, independentemente das circunstâncias. Ela é essencial para assegurar a integridade do sistema de justiça criminal e para proteger os direitos individuais dos cidadãos. Em resumo, a imparcialidade é um princípio fundamental que guia o trabalho dos ocupantes de cargos da polícia civil, contribuindo para a eficácia e a legitimidade das suas atividades no combate à criminalidade e na promoção da segurança pública.

Objetividade: A objetividade se refere à capacidade de analisar situações e evidências de maneira imparcial e desapaixonada, sem deixar-se influenciar por preconceitos, opiniões pessoais ou pressões externas. No contexto da atuação policial, a objetividade é fundamental para garantir que as investigações sejam conduzidas de maneira justa e eficaz. Isso significa que os policiais civis devem basear suas decisões e ações em fatos concretos e evidências tangíveis, em vez de suposições ou conjecturas. A objetividade também é importante para assegurar a transparência e a credibilidade das investigações policiais. Ao agir de forma objetiva, os policiais civis demonstram que estão comprometidos com a busca da verdade e com a aplicação imparcial da lei, contribuindo para a confiança da sociedade no trabalho realizado pela polícia. Ademais, a objetividade é essencial para evitar injustiças e erros judiciais, pois ao analisar as evidências de maneira imparcial e objetiva, os policiais civis minimizam o risco de interpretar erroneamente os fatos ou de tomar decisões precipitadas que possam prejudicar os direitos dos envolvidos. Em resumo, a objetividade é uma qualidade fundamental que todos os ocupantes de cargos da polícia civil devem possuir, pois ao atuar com objetividade, os policiais civis contribuem para a eficácia e a legitimidade do trabalho policial, garantindo assim a justiça e a segurança da sociedade.

Atuação Técnica: A atuação técnica se refere à aplicação de conhecimentos especializados, procedimentos adequados e métodos científicos na condução das atividades policiais, especialmente durante investigações e análises de evidências. No contexto policial, a atuação técnica implica em utilizar as melhores práticas, técnicas e ferramentas disponíveis para realizar investigações de forma eficiente e precisa. Isso inclui o uso de métodos científicos para coletar, preservar e analisar evidências, bem como a utilização de tecnologias e equipamentos especializados quando necessário. Além disso, a atuação técnica envolve a capacidade de interpretar corretamente as informações disponíveis, aplicando raciocínio lógico e análise crítica para chegar a conclusões fundamentadas. Os policiais civis devem ser treinados para identificar e seguir os protocolos e procedimentos adequados em cada situação, garantindo a integridade das investigações e a validade das evidências coletadas. A atuação técnica também é essencial para garantir a imparcialidade e a objetividade das investigações policiais. Ao seguir métodos científicos e procedimentos padronizados, os policiais civis minimizam o risco de viés ou erro humano, contribuindo para a confiabilidade e a credibilidade do trabalho policial. Em suma, a atuação técnica é uma competência relevante para os ocupantes de cargos da polícia civil, pois garante a qualidade e a eficácia das investigações, ao mesmo tempo em que preserva os princípios fundamentais de imparcialidade, objetividade e legalidade.

Cientificidade: A atuação com cientificidade implica em adotar uma abordagem baseada em princípios científicos e metodologias rigorosas ao conduzir investigações e análises de evidências. Ao agir com cientificidade, os policiais civis devem seguir padrões e protocolos reconhecidos internacionalmente para coleta, preservação e análise de provas. Isso inclui a aplicação de técnicas forenses modernas, como análise de DNA, balística, impressões digitais, entre outras, garantindo a integridade e a confiabilidade das evidências obtidas. Ainda, a atuação com cientificidade exige que os policiais civis se mantenham atualizados sobre os avanços tecnológicos e científicos em sua área de atuação. Isso significa participar de treinamentos regulares, buscar qualificações adicionais e colaborar com especialistas em diversas áreas para garantir que suas investigações sejam conduzidas de maneira precisa e eficaz. Outro aspecto importante da atuação com cientificidade é a capacidade de avaliar criticamente as informações disponíveis e tomar decisões embasadas em evidências. Isso inclui a habilidade de identificar falhas ou inconsistências nas provas, bem como reconhecer a importância de seguir procedimentos científicos reconhecidos para garantir a validade e a credibilidade das conclusões alcançadas. Em resumo, a atuação com cientificidade é essencial para garantir a qualidade e a eficácia das investigações policiais, contribuindo para a justiça e a segurança da sociedade. Ao adotar uma abordagem baseada em princípios científicos, os policiais civis podem garantir que suas atividades sejam conduzidas de maneira objetiva, imparcial e tecnicamente rigorosa, fortalecendo assim a integridade do sistema de justiça criminal.

> *Art. 30. São assegurados aos policiais civis em atividade os seguintes* ***direitos e garantias****, sem prejuízo de outros estabelecidos em lei:*

Francini Imene Dias Ibrahin

Klisman Barbosa França

A segurança pública, dever do Estado, direito e responsabilidade de todos, é exercida para a preservação da ordem pública e da incolumidade das pessoas e do patrimônio, sob a égide dos valores da cidadania e dos direitos humanos, através dos órgãos instituídos pela União e pelos Estados (art. 144, CF/88).

Um dos órgãos instituídos para o exercício deste mister, é a Polícia Civil, que dirigidas por delegados de polícia de carreira, incumbem, ressalvada a competência da União, as funções de polícia judiciária e a apuração de infrações penais, exceto as militares (§4º do art. 144 da CF/88).

A Lei Orgânica Nacional das Polícias Civis elenca de forma não exaustiva, os direitos[1] e garantias dos policiais civis que estão em atividade[2]. Vejamos.

> *I – Documento de identidade funcional com validade em todo o território nacional, padronizado pelo Poder Executivo federal e expedido pela própria instituição;*

A Portaria do Ministério da Justiça e Segurança Pública nº 466, de 31 de agosto de 2023, dispõe sobre a padronização do documento de identificação funcional para os policiais civis dos Estados e do Distrito Federal.

Conforme a portaria, a identificação em formato digital atenderá aos requisitos de segurança, integridade, padronização, validade jurídica e interoperabilidade, bem como deverá estar vinculada ao QR-Code (Quick Responde Code), para facilitar a verificação dos dados.

---

1. Cita-se, por oportuno, que "O exercício do direito de greve, sob qualquer forma ou modalidade, é vedado aos policiais civis e a todos os servidores públicos que atuem diretamente na área de segurança pública. É obrigatória a participação do poder público em mediação instaurada pelos órgãos classistas das carreiras de segurança pública, nos termos do art. 165 do CPC, para vocalização dos interesses da categoria". (Supremo Tribunal Federal, ARE 654.432, red. do ac. min. Alexandre de Moraes, j. 5-4-2017, P, *DJE* de 11-6-2018, Tema 541).
2. Vale citar que o Supremo Tribunal Federal, em decisão unânime, adotada no Recurso Extraordinário (RE) 1162672, com repercussão geral (Tema 1019), fixou a seguinte tese: "O servidor público policial civil que preencheu os requisitos para a aposentadoria especial voluntária prevista na LC 51/85 tem direito ao cálculo de seus proventos com base na regra da integralidade e, quando também previsto em lei complementar, na regra da paridade, independentemente do cumprimento das regras de transição especificadas nos arts. 2º e 3º da EC 47/05, por enquadrar-se na exceção prevista no art. 40, § 4º, inciso II, da Constituição Federal, na redação anterior à EC 103/19, atinente ao exercício de atividade de risco."

> *II – Registro e livre porte de arma de fogo com validade em todo o território nacional;*

O policial civil tem o direito de solicitar o registro e portar arma de fogo no Brasil, independentemente da localidade em que exerce suas atividades funcionais.

O artigo 6º da Lei 10.826/2003 (Estatuto do Desarmamento) estabelece um rol exaustivo de agentes públicos, dentre eles policiais civis, bem como agentes privados aos quais se permite o porte de arma de fogo.

Fora desse rol taxativo, porte de arma de fogo é ilegal e constitui conduta penal típica, nos termos dos arts. 12, 14 e 16 da Lei 10.826/2003.

> *III – ingresso e trânsito livre em qualquer recinto público ou privado em razão da função, respeitadas as garantias constitucionais e legais;*

Para o exercício da atividade policial, o ingresso e trânsito livre nos recintos públicos e privados são garantidos pela LOPC, mas sempre deve ser exercido com respeito as regras constitucionais, convencionais e legais.

Nesse cenário, a reserva de jurisdição em nada mudou. A inviolabilidade domiciliar[3] deve ser respeitada, o que implica no respeito ao que determina a Constituição Federal de 1988, em que:

3. Vale acrescentar o entendimento do Superior Tribunal de Justiça a respeito do tema: "Não há nulidade na busca e apreensão efetuada por policiais, sem prévio mandado judicial, em apartamento que não revela sinais de habitação, nem mesmo de forma transitória ou eventual, se a aparente ausência de residentes no local se alia à fundada suspeita de que o imóvel é utilizado para a prática de crime permanente". (HC 588.445-SC, Rel. Min. Reynaldo Soares da Fonseca, Quinta Turma, por unanimidade, julgado em 25/08/2020, DJe 31/08/2020. Informativo 678).

> *Art. 5º (...)*
>
> *XI – a casa é asilo inviolável do indivíduo, ninguém nela podendo penetrar sem consentimento do morador, salvo em caso de flagrante delito ou desastre, ou para prestar socorro, ou, durante o dia, por determinação judicial;*
>
> *Deve-se observância ainda, ao Decreto 678/92, que promulgou a Convenção Americana de Direitos Humanos e que determina:*
>
> *Art. 11.*
>
> *2. Ninguém pode ser objeto de ingerências arbitrárias ou abusivas em sua vida privada, na de sua família, em seu domicílio ou em sua correspondência, nem de ofensas ilegais à sua honra ou reputação.*

IV – Recolhimento em unidade prisional da própria instituição para fins de cumprimento de prisão provisória ou de sentença penal condenatória transitada em julgado;

O recolhimento em prisão da própria instituição, seja em decorrência de prisão cautelar ou definitiva, implica na necessidade

E ainda: "A prova da legalidade e da voluntariedade do consentimento para o ingresso na residência do suspeito incumbe, em caso de dúvida, ao Estado, e deve ser feita com declaração assinada pela pessoa que autorizou o ingresso domiciliar, indicando-se, sempre que possível, testemunhas do ato. Em todo caso, a operação deve ser registrada em áudio-vídeo e preservada a prova enquanto durar o processo". (HC 598.051/SP, Rel. Min. Rogério Schietti Cruz, Sexta Turma, por unanimidade, julgado em 02/03/2021. Informativo 687). Acrescente-se também, que o Supremo Tribunal Federal definiu, em repercussão geral, que o ingresso forçado em domicílio sem mandado judicial apenas se revela legítimo – a qualquer hora do dia, inclusive durante o período noturno – quando amparado em fundadas razões, devidamente justificadas pelas circunstâncias do caso concreto, que indiquem estar ocorrendo, no interior da casa, situação de flagrante delito (RE 603.616/RO, Rel. Ministro Gilmar Mendes DJe 8/10/2010).

de resguardar a integridade do preso policial, em razão da própria função policial exercida.

A Lei n º 5.350, de 06 de novembro de 1967, estendeu aos funcionários da Polícia Civil dos Estados e Territórios Federais, ocupantes de cargos de atividade policial, o regime de prisão especial estabelecido pela Lei nº 4.878, de 3 de dezembro de 1965, que dispõe em seu artigo 40 e respectivos parágrafos, para os funcionários da Polícia Civil da União e do Distrito Federal, que:

> *Art. 40. Preso preventivamente, em flagrante ou em virtude de pronúncia, o funcionário policial, enquanto não perder a condição de funcionário, permanecerá em prisão especial, durante o curso da ação penal e até que a sentença transite em julgado. (Vide Lei nº 5.350, de 1967)*
>
> *§ 1º O funcionário policial nas condições deste artigo ficará recolhido a sala especial da repartição em que sirva, sob a responsabilidade do seu dirigente, sendo-lhe defeso exercer qualquer atividade funcional, ou sair da repartição sem expressa autorização do Juízo a cuja disposição se encontre.*
>
> *§ 2º Publicado no Diário Oficial o decreto de demissão, será o ex-funcionário encaminhado, desde logo, a estabelecimento penal, onde permanecerá em sala especial, sem qualquer contato com os demais presos não sujeitos ao mesmo regime, e, uma vez condenado, cumprirá a pena que lhe tenha sido imposta, nas condições previstas no parágrafo seguinte.*
>
> *§ 3º Transitada em julgado a sentença condenatória, será o funcionário encaminhado a estabelecimento penal, onde cumprirá a pena em dependência isolada dos demais presos não abrangidos por esse regime, mas sujeito, como eles, ao mesmo sistema disciplinar e penitenciário.*
>
> *§ 4º Ainda que o funcionário seja condenado às penas acessórias dos itens I e II do Artigo 68 do Código Penal, cumprirá a pena em dependência isolada dos demais presos, na forma do parágrafo anterior. (Incluído pela Lei nº 6.364, de 1976)*

Acrescente-se, que nos moldes do §3º, do art. 84, da Lei de Execução Penal, o preso que tiver sua integridade física, moral ou psicológica ameaçada pela convivência com os demais presos deverá ficar segregado em local próprio.

Ademais, estabelece o art. 84, §2º, também da LEP, que o § 2°, "O preso que, ao tempo do fato, era funcionário da Administração da Justiça Criminal ficará em dependência separada".

Entende-se por funcionários da justiça criminal, aqueles que exercem as atividades nas áreas policial, justiça criminal e execução penal.

> *V – Pronta comunicação de sua prisão ao seu chefe imediato;*

A função policial é fundada na hierarquia. Logo, determina a lei a imediata comunicação ao superior do policial preso.

> *VI – Prioridade nos serviços de transporte e de comunicação públicos e privados, quando em cumprimento de missão de caráter emergencial;*

A missão policial de natureza emergencial demanda o atendimento prioritário nos serviços de transporte e de comunicação, não importa se executados por órgãos públicos ou pelo setor privado, em razão da própria atividade desenvolvida pela Polícia Civil.

> *VII – traslado por órgão público competente, caso seja vítima de acidente que dificulte sua atividade de locomoção ou ocorra sua morte durante atividade policial;*

O desempenho da atividade policial é uma atividade de risco e durante seu exercício, caso o policial civil seja vítima de acidente que resulte em sua morte ou em sua dificuldade de locomoção, garante a lei, a existência de traslado realizado por órgão público.

> *VIII – atendimento prioritário e imediato pelo Ministério Público, pela Defensoria Pública, pelo Poder Judiciário e pelos órgãos de perícia oficial de natureza criminal, se em atividade ou no interesse do serviço;*

O desempenho das funções policiais implica na necessidade, por vezes, de atendimento e comunicação com representantes do Ministério Público, da Defensoria Pública, do Poder Judiciário, bem como pelos integrantes das instituições responsáveis pela perícia criminal. Logo, a prioridade no atendimento por tais órgãos, se justifica.

> *IX – Precedência em audiências judiciais quando comparecer na qualidade de testemunha de fato decorrente do serviço;*
>
> *X – Licença remunerada para o desempenho de mandato classista concedida a, no mínimo, 3 (três) dirigentes por Estado para cada confederação, federação e sindicatos, sem prejuízo de outros direitos e vantagens, de aposentadoria policial especial, de promoções e progressões funcionais, de prerrogativas da função ou de benefícios do cargo efetivo enquanto perdurar a licença;*

Este inciso X foi vetado pelo Presidente da República, por entender que a proposta legislativa padecia de inconstitucionalidade ao contrariar o disposto no § 4º-B do art. 40 da Constituição, que exige que os requisitos diferenciados para policiais sejam estabelecidos por meio de lei complementar do respectivo ente federativo.

Compreendeu-se ainda, que esta previsão legislativa afrontaria o § 7º do art. 167 da Constituição, ao dispor que:

> *§ 7º A lei não imporá nem transferirá qualquer encargo financeiro decorrente da prestação de serviço público, inclusive despesas de pessoal e seus encargos, para a União, os*

> *Estados, o Distrito Federal ou os Municípios, sem a previsão de fonte orçamentária e financeira necessária à realização da despesa ou sem a previsão da correspondente transferência de recursos financeiros necessários ao seu custeio, ressalvadas as obrigações assumidas espontaneamente pelos entes federados e aquelas decorrentes da fixação do salário mínimo, na forma do inciso IV do caput do art. 7º desta Constituição.*

Afirmou-se ainda, que ao tratar sobre o regime jurídico de servidor estadual, ensejaria em interferência indevida na organização político-administrativa do ente federado, o que poderia causar impacto sobre o equilíbrio federativo e afetar a segurança jurídica.

Ocorre que o veto presidencial foi rejeitado pelo Congresso Nacional em sessão ocorrida no dia 28/05/2024. Dessa forma, o dispositivo permanece válido na legislação em estudo.

> *XI – licença remunerada para o desempenho de mandato classista concedida a, no mínimo, 3 (três) dirigentes em associação nacional ou de abrangência territorial do respectivo ente federativo dentre as de maior representatividade e antiguidade por cargo, sem prejuízo de outros direitos e vantagens, de aposentadoria policial especial, de promoções e progressões funcionais, de prerrogativas da função ou de benefícios do cargo efetivo enquanto perdurar a licença;*

O dispositivo, inicialmente, foi vetado pelo Presidente da República, valendo-se da mesma argumentação lançada quanto ao inciso X, ou seja, que a proposta legislativa padeceria de inconstitucionalidade ao contrariar o disposto no § 4º-B do art. 40 da Constituição, que exige que os requisitos diferenciados para policiais sejam estabelecidos por meio de Lei Complementar do respectivo ente federativo. Segundo as razões do veto, ainda, haveria afronta ao § 7º do art. 167 da CF/88, bem como interferência indevida na organização político-administrativa do ente federado, com impacto sobre o equilíbrio federativo e a segurança jurídica.

Ocorre que o veto presidencial foi rejeitado pelo Congresso Nacional em sessão ocorrida no dia 28/05/2024. Dessa forma, o dispositivo permanece válido na legislação em estudo.

> *XII – licença remunerada de 3 (três) meses a cada período de 5 (cinco) anos de efetivo exercício policial, que pode ser convertida em pecúnia, total ou parcialmente, a requerimento do servidor ou no interesse da administração pública, com base no valor apurado na data do pagamento;* ***(Vetado)***

Vetou-se a proposta legislativa também com fundamento no disposto no § 7º do art. 167 da CF/88, bem como em razão da possiblidade de interferência indevida na organização político-administrativa do ente federado, com impacto negativo sobre o equilíbrio federativo e a segurança jurídica.

Compreendeu-se que conceder uma licença remunerada ao policial, seria restaurar a licença-prêmio conversível em pecúnia, extinta para os servidores públicos federais pela Lei nº 9.527, de 10 de dezembro de 1997, que foi substituída pela licença capacitação, a fim de incrementar a eficiência e a efetividade da prestação de serviços públicos, o que para nas razões do veto, seria um retrocesso.

> *XIII – licença-gestante, licença-maternidade e licença-paternidade;* ***(Vetado)***

Novamente, vetou-se este inciso, por entenderem que violaria o disposto no § 7º do art. 167 da Constituição Federal de 1988.

Em que pese o veto, não é demais lembrar os dispositivos constitucionais que abordam os direitos descritos neste inciso, a saber[4]:

> *Art. 6º São direitos sociais a educação, a saúde, a alimentação, o trabalho, a moradia, o transporte, o lazer, a segurança, a previdência social, a proteção à maternidade e à infância, a assistência aos desamparados, na forma desta Constituição. (...)*
>
> *Art. 7º São direitos dos trabalhadores urbanos e rurais, além de outros que visem à melhoria de sua condição social: (...)*
>
> *XVIII – licença à gestante, sem prejuízo do emprego e do salário, com a duração de cento e vinte dias; (...)*
>
> *Art. 203. A assistência social será prestada a quem dela necessitar, independentemente de contribuição à seguridade social, e tem por objetivos:*
>
> *I – a proteção à família, à maternidade, à infância, à adolescência e à velhice; (...)*

Ademais, deixou-se de realizar a uniformização dos direitos à licença-gestante, licença-maternidade e licença-paternidade nos Estados, o que representaria respeito ao comando constitucional em assegurar à criança, com absoluta prioridade, o direito à vida, à alimentação, à dignidade e à convivência familiar.

---

4. É oportuno citar, o Supremo Tribunal Federal reconheceu a existência de repercussão geral sobre a possibilidade de concessão de licença-maternidade à mãe não gestante, em união estável homoafetiva, cuja companheira engravidou após inseminação artificial no Resp 1.211.446, Rel. Min. Luiz Fux Disponível em: https://portal.stf.jus.br/processos/detalhe.asp?incidente=5701548 Acesso em 04 dez.2023.

> *XIV – garantia à policial civil gestante e lactante de indicação para escalas de serviço e rotinas de trabalho compatíveis com sua condição;*

A Constituição Federal de 1988, em seu artigo 6º, estabelece, dentre outros, o direito à proteção à maternidade, razão de diversos direitos sociais, como a licença-gestante, o direito à segurança no emprego, a proteção do mercado de trabalho da mulher e redução dos riscos inerentes ao trabalho, por meio de normas de saúde, higiene e segurança.

A garantia à policial civil que está gestante e/ou lactante em ter escalas de serviço e rotinas de trabalho compatíveis com sua condição, representa a salvaguarda dos direitos sociais da mulher e proteção ao recém-nascido.

Vale dizer, são irrenunciáveis a proteção à maternidade e a integral proteção à criança, isso implica afirmar a necessidade da existência de uma escala de serviço e rotina de trabalho à mulher gestante e/o lactante condizente com sua condição especial, sob pena de prejudicar a ela e a criança. Além disso, violaria a dignidade da pessoa humana e os valores sociais do trabalho (art. 1º, III e IV, da CF).

> *XV – Garantia de retorno e de permanência na mesma lotação durante 6 (seis) meses após o retorno da licença maternidade;*

O retorno na mesma lotação é um importante instrumento de proteção da mulher, direito esse que decorre da proteção estatal à família, à maternidade e a criança.

> *XVI – assistência integral, em juízo ou fora dele, por advogado público, se estiver respondendo a processo ou Avulso do PL 4503/2023 qualquer procedimento administrativo, cível ou*

penal por ato praticado no exercício da função ou em razão dela; ***(Vetado)***[5]

O dispositivo foi vetado, em razão da possibilidade de afronta ao disposto no § 7º do art. 167 da Constituição Federal de 1988.

Deve-se pontuar que o Código de Processo Penal[6] estabelece a obrigatoriedade da assistência jurídica aos policiais, descritos no artigo 144 da Constituição Federal de 1988 ou militares no

---

5. Cite-se as Súmulas Vinculantes 05 e 14 relacionados ao tema: Súmula Vinculante 5 – A falta de defesa técnica por advogado no processo administrativo disciplinar não ofende a Constituição. Súmula 14 – – É direito do defensor, no interesse do representado, ter acesso amplo aos elementos de prova que, já documentados em procedimento investigatório realizado por órgão com competência de polícia judiciária, digam respeito ao exercício do direito de defesa.

6. Art. 14-A. Nos casos em que servidores vinculados às instituições dispostas no art. 144 da Constituição Federal figurarem como investigados em inquéritos policiais, inquéritos policiais militares e demais procedimentos extrajudiciais, cujo objeto for a investigação de fatos relacionados ao uso da força letal praticados no exercício profissional, de forma consumada ou tentada, incluindo as situações dispostas no art. 23 do Decreto-Lei nº 2.848, de 7 de dezembro de 1940 (Código Penal), o indiciado poderá constituir defensor.

   § 1º Para os casos previstos no caput deste artigo, o investigado deverá ser citado da instauração do procedimento investigatório, podendo constituir defensor no prazo de até 48 (quarenta e oito) horas a contar do recebimento da citação.

   § 2º Esgotado o prazo disposto no § 1º deste artigo com ausência de nomeação de defensor pelo investigado, a autoridade responsável pela investigação deverá intimar a instituição a que estava vinculado o investigado à época da ocorrência dos fatos, para que essa, no prazo de 48 (quarenta e oito) horas, indique defensor para a representação do investigado.

   § 3º Havendo necessidade de indicação de defensor nos termos do § 2º deste artigo, a defesa caberá preferencialmente à Defensoria Pública, e, nos locais em que ela não estiver instalada, a União ou a Unidade da Federação correspondente à respectiva competência territorial do procedimento instaurado deverá disponibilizar profissional para acompanhamento e realização de todos os atos relacionados à defesa administrativa do investigado.

desempenho das funções em garantia da lei e da ordem, conforme artigo 142 da CF/88, quando figurarem como investigados em inquéritos policiais, inquéritos policiais militares ou outros procedimentos extrajudiciais, por uso da força letal praticados no exercício profissional, de forma consumada ou tentada, incluindo as situações de legítima defesa.

> *XVII – amplo acesso à justiça, assegurada sua gratuidade e efeitos correlatos, nas causas individuais e coletivas, patrocinadas ou defendidas por advogado comprovadamente vinculado às entidades sindicais e associativas, que versem sobre defesas de seus direitos, deveres, garantias, atribuições ou prerrogativas funcionais;* ***(Vetado)***

A gratuidade democratiza o acesso à justiça e dá concretude a garantia do seu amplo acesso, nos moldes do comando constitucional previsto no inciso XXXV do art. 5º da Carta Magna.

O dispositivo foi vetado por compreenderem que caracterizava violação ao disposto no § 7º do art. 167 da Constituição Federal de 1988.

---

§ 4º A indicação do profissional a que se refere o § 3º deste artigo deverá ser precedida de manifestação de que não existe defensor público lotado na área territorial onde tramita o inquérito e com atribuição para nele atuar, hipótese em que poderá ser indicado profissional que não integre os quadros próprios da Administração.

§ 5º Na hipótese de não atuação da Defensoria Pública, os custos com o patrocínio dos interesses dos investigados nos procedimentos de que trata este artigo correrão por conta do orçamento próprio da instituição a que este esteja vinculado à época da ocorrência dos fatos investigados.

§ 6º As disposições constantes deste artigo se aplicam aos servidores militares vinculados às instituições dispostas no art. 142 da Constituição Federal, desde que os fatos investigados digam respeito a missões para a Garantia da Lei e da Ordem.

> *XVIII – prestação de depoimento em inquérito, em processo ou em qualquer outro procedimento em trâmite no âmbito dos Poderes Executivo, Judiciário e Legislativo em dia, hora e local previamente ajustados;* ***(Vetado)***

Considerou-se que esta proposição legislativa violaria o interesse público e configuraria privilégio indevido em razão do cargo público, ao ser possível interpretar que esta prerrogativa processual destinada aos policiais civis, seria aplicada não somente diante de um depoimento em inquérito, na qualidade de testemunha ou vítima, mas também quando se trata-se de investigado ou réu.

> *XIX – carga horária mensal de efetivo labor com duração máxima estabelecida na legislação do respectivo ente federativo, não superior a 40 (quarenta) horas semanais, garantidos os direitos remuneratórios e indenizatórios e as horas extraordinárias;*
>
> *XX – Ajuda de custo, quando removido da sua lotação para outro Município, no interesse da administração pública; (VETADO)*

Os incisos XIX e XX foram, inicialmente, vetados pela Presidência da República sob a justificativa de que violam o disposto no § 7º do art. 167 da Constituição Federal de 1988, que dispõe que a lei não pode impor ou transferir qualquer encargo financeiro decorrente da prestação de serviço público, inclusive despesas de pessoal e seus encargos, para a União, os Estados, o Distrito Federal ou os Municípios, sem a previsão de fonte orçamentária e financeira respectiva ou sem a previsão da correspondente transferência de recursos financeiros para o seu custeio.

Ocorre que o veto presidencial referente ao inciso XIX foi rejeitado pelo Congresso Nacional em sessão ocorrida no dia 28/05/2024. Dessa forma, o inciso XIX, que estabelece a carga horária máxima e o direito à indenização por labor extraordinário permanece válido na legislação em estudo, sendo mantido o veto referente ao inciso XX.

> *XXI – pagamento antecipado de diárias por deslocamento para desempenho de sua atribuição fora de sua lotação ou sede;* ***(Vetado)***
>
> *XXII – indenização para vestimenta, equipamentos de uso obrigatório e itens de segurança pessoal;* ***(Vetado)***
>
> *XXIII – indenização por periculosidade;* ***(Vetado)***
>
> *XXIV – indenização por insalubridade, por exposição a agentes nocivos ou por risco de contágio;* ***(Vetado)***
>
> *XXV – indenização por atividade em local de difícil acesso e provimento;* ***(Vetado)***
>
> *XXVI – indenização por sobreaviso e escalas extraordinárias de serviço;* ***(Vetado)***
>
> *XXVII – indenização por exercício de trabalho noturno; e* ***(Vetado)***
>
> *XXVIII – auxílio-saúde, de caráter indenizatório, nos termos da legislação do respectivo ente federativo.*

Os vetos constantes dos incisos XXI a XXVIII tratam de verbas indenizatórias que embora não estejam definidos expressamente na Lei Orgânica da Polícia Civil, podem ser estabelecidos por cada ente federado.

Os dispositivos foram vetados por entender a Presidência de República que representam violação ao contido no § 7º do art. 167 da Constituição Federal de 1988.

Entendeu-se ainda, que os incisos XXI a XXVIII, ao tratarem sobre o regime jurídico dos servidores públicos, contrariam o interesse público e configuram interferência indevida na organização político-administrativa do ente federado, eis que veiculam matérias de competência privativa de chefes de poderes executivos, ocasionando impacto ao equilíbrio federativo.

Ocorre que, especificamente quanto ao inciso XXVIII, que trata do auxílio-saúde, entendeu por bem o Congresso Nacional, em sessão ocorrida no dia 28/05/2024, pela derrubada do veto. Dessa forma, o inciso em questão permanece válido na legislação em estudo.

> *§ 1º Aplica-se aos policiais civis o disposto no inciso XVI do caput do art. 37 da Constituição Federal, com prevalência da atividade policial civil.* ***(Vetado)***

O parágrafo em comento foi vetado por suposto ferimento ao interesse público.

O artigo 37, inciso XVI, da Constituição Federal trata sobre a acumulação de cargos públicos, autorizando, quando há compatibilidade de horários, a acumulação de dois cargos de professor, de um cargo de professor com outro técnico ou científico e de dois cargos ou empregos privativos de profissionais da saúde, com profissões regulamentadas.

O veto presidencial entendeu que a inovação legislativa com a possibilidade de acumulação – entendendo ser o cargo policial de caráter técnico – fere o interesse público, exigindo-se do policial civil a dedicação exclusiva que sempre foi inerente ao trabalho policial.

Ainda, entendeu-se que a mudança intencionada deveria ocorrer a nível constitucional, não sendo possível que a criação de novas exceções à regra da vedação de acumulação de cargos públicos seja feia por lei ordinária.

> *§ 2º Aos policiais civis aposentados são assegurados os direitos previstos nos incisos I, II, IV, V, XVII e XXVIII do caput deste artigo, e a comunicação prevista no inciso V deve ser feita ao setor de veteranos ou por intermédio do sindicato ou associação representativa da categoria.*

O parágrafo em estudo trouxe garantias expressas para policiais civis aposentados.

O primeiro direito agasalhado pelo dispositivo em comento diz respeito à identificação funcional do policial civil aposentado, que terá direito à documento de identidade com validade em todo o território nacional e padronizado pelo Poder Executivo Federal.

Também foi garantido ao policial civil aposentado o registro e livre porte de arma de fogo em todo o território nacional. Recentemente tivemos celeuma jurisprudencial e legal acerca do tema.

É sabido que o Estatuto do Desarmamento (Lei 10.826/03) estabelece, em seu artigo 6º, inciso II, o direito de porte de arma aos policiais civis, figuras expressamente inseridas no rol do artigo 144, da Constituição Federal. No ano de 2004, o Decreto 5.123/2004, regulamentou o tema, afirmando que o porte era garantido aos policiais civis enquanto no exercício de suas funções institucionais. Diante de tais dispositivos, no ano de 2014, o Superior Tribunal de Justiça prolatou decisão afirmando que o porte de arma a que tem direito os policiais civis não se estendia aos policiais aposentados[7]

Ocorre que o Decreto 5.123/04 foi revogado pelo Decreto 9.785/2019. Este último diploma legal permite que os integrantes policiais continuem a ter porte de arma mesmo depois de aposentados, contudo, tal porte diz respeito a arma particular, sendo que a arma funcional deve ser devolvida.

---

7. O porte de arma de fogo a que têm direito os policiais civis não se estende aos policiais aposentados. Isso porque, de acordo com o art. 33 do Decreto 5.123/2004, que regulamentou o art. 6º da Lei 10.826/2003, o porte de arma de fogo está condicionado ao efetivo exercício das funções institucionais por parte dos policiais, motivo pelo qual não se estende aos aposentados. STJ. 5ª Turma. HC 267.058-SP, Rel. Min. Jorge Mussi, julgado em 4/12/2014 (Info 554).

Com a garantia trazida pelo dispositivo legal em comento, corroborada pelo §3º a seguir estudado, colocou-se uma pá de cal na discussão.

O direito de recolhimento a unidade prisional própria da instituição para cumprimento de prisão provisória ou penal condenatória definitiva transitada em julgado, trazido no inciso IV, do artigo 6º, também foi expressamente estendido aos policiais civis aposentados. Tal direito, notadamente quanto à prisão provisória previsto no artigo 295, do Código de Processo Penal, não era expressamente estendido aos policiais civis, quiçá aos aposentados. Da mesma forma, era preciso esforço para enquadrar o policial civil como funcionário da justiça criminal e, assim, garantir-lhe o direito de separação dos presos comuns, de acordo com a previsão artigo 84, §2º, da Lei de Execuções Penais.

Por fim, no tocante ao direito previsto no inciso V, do artigo 30, da LONPC, o parágrafo foi expresso ao prever que tal comunicação deve ser feita ao "setor de veteranos" ou por intermédio do sindicato ou associação representativa da carreira.

Os demais direitos que o §2º estendia aos policiais civis aposentados, notadamente aqueles previstos nos incisos XVII e XXVIII foram vetados.

> *§ 3º Os policiais civis, por ocasião de sua aposentadoria, conservarão a autorização do livre porte de arma de fogo válido em todo o território nacional, na forma da legislação em vigor.*

O parágrafo em estudo vem corroborar a previsão trazida no inciso II, do artigo 30, da LONPC.

Assim, por ocasião da aposentadoria, o policial civil conservará a autorização para portar livremente arma de fomo em todo o território nacional, desde que atendidos os requisitos da legislação de regência, ou seja, do Estatuto do Desarmamento (Lei 10.826/03).

> *§ 4º Fica assegurada a possibilidade de doação de armas de fogo institucionais aos policiais civis aposentados.*

Como debatido anteriormente, o entendimento predominante era de que com a aposentadoria do policial civil, em que pese este mantivesse o direito de portar arma de fogo, teria que realizar a devolução da arma institucional, necessitando, assim, adquirir uma arma particular caso intencionasse exercer o direito de portar arma de fogo.

A previsão do parágrafo em estudo possibilita que a Polícia Civil, mediante critérios de conveniência e oportunidade, realize a doação de armas de fogo institucionais aos policiais civis, garantindo a eles o direito de portar arma de fogo sem que necessitem despender recursos próprios para adquirir o armamento. Tal previsão é bastante razoável, garantindo ao policial civil a possibilidade de receber um armamento para sua segurança pessoal sem que tenha que investir elevado valor para sua compra.

> *§ 5º Deve ser garantida a participação do poder público em mediação judicial proposta pelos órgãos classistas da polícia civil para a negociação dos interesses de seus representados, como forma alternativa ao exercício do direito de greve.*

É sabido que a greve é vedada aos policiais civis e demais membros da segurança pública.

O Supremo Tribunal Federal já se debruçou sobre o tema, assentando o entendimento de vedação à greve para os agentes de segurança pública.[8]

8. O exercício do direito de greve, sob qualquer forma ou modalidade, é vedado aos policiais civis e a todos os servidores públicos que atuem diretamente na área de segurança pública. STF. Plenário. ARE 654432/GO, Rel. orig. Min. Edson Fachin, red. p/ o ac. Min. Alexandre de Moraes, julgado em 5/4/2017 (repercussão geral) (Info 860).

O direito de greve é incompatível com a carreira policial, atividade que é responsável pela segurança pública, manutenção da ordem e paz social.

Contudo, diante da legitimidade de reinvindicação de melhores condições de trabalho pelas carreiras policiais, foi proferido julgamento pela Suprema Corte obrigando a participação do Poder Público em mediação instaurada por órgãos classistas das carreiras policiais. Tal mediação está prevista no artigo 165, do Código de Processo Civil.

Assim, o parágrafo em estudo praticamente replicou o teor do julgado proferido pelo Supremo Tribunal Federal acerca do tema[9], especializando, contudo, ao tratar unicamente da polícia civil.

> *§ 6º Observado o interesse da administração pública, ao policial civil que tenha satisfeito as condições para se aposentar, fica facultada a opção de exercer suas funções no âmbito interno e administrativo em seções, grupos, núcleos e departamentos, bem como no assessoramento a chefias, o que poderá ser revisto a qualquer momento.*

O problema de defasagem do efetivo policial é sério e assola grande partes dos Estados.

Pensando nisso, foi elaborado o parágrafo em estudo que faculta ao policial civil que já reúne condições para se aposentar a possibilidade de exercer suas funções em ambiente interno e administrativo, afastando-se das atividades mais penosas, especialmente aquelas que demandam grande vigor físico, tal qual a

9. É obrigatória a participação do Poder Público em mediação instaurada pelos órgãos classistas das carreiras de segurança pública, nos termos do art. 165 do CPC, para vocalização dos interesses da categoria. STF. Plenário. ARE 654432/GO, Rel. orig. Min. Edson Fachin, red. p/ o ac. Min. Alexandre de Moraes, julgado em 5/4/2017 (repercussão geral) (Info 860).

atividade de investigação em campo. Desta forma, o policial civil pode se ver incentivado a permanecer na atividade e contribuir com tarefas menos árduas, mas que, ainda assim, são importantes para a dinâmica policial.

O texto legal, contudo, também deixa claro que deve haver interesse da administração pública em referida alteração de funções, sendo possível que o ato seja revisto a qualquer momento.

> *§ 7º O policial civil, ao responder pelo expediente administrativo em unidade diversa da de sua lotação, terá direito a adicional na forma de verba indenizatória, se houver previsão em lei do respectivo ente federativo.*

O parágrafo 7º também foi editado em razão da lamentável defasagem das instituições policiais, que gera a necessidade de acumulação de expedientes pelo policial civil para o correto funcionamento das unidades.

Diante de tal necessidade de acumulação que, por óbvio, traz aumento de trabalho para o policial civil, foi previsto direito a adicional em forma de indenização, desde que haja previsão na lei do Estado em que o servidor está vinculado.

O caráter indenizatório da verba é importante para que sobre ela não haja incidência de impostos, haja vista que verbas indenizatórias, por não configurarem acréscimo patrimonial, mas indenização por labor extraordinário, não estão sujeitas a descontos, por exemplo, de imposto de renda.

> *§ 8º O policial civil, ao assumir cargo ou função de confiança de caráter administrativo, de assessoramento, de coordenação e de direção, bem como chefia de investigação, de cartório ou de plantão, terá direito a adicional na forma de verba indenizatória, nos termos da legislação do respectivo ente federativo.* ***(Vetado)***

O parágrafo em comento inicialmente foi vetado pela Presidência da República por suposto ferimento ao interesse público e vício de inconstitucionalidade.

Nas razões do veto, apresentadas pela Presidência da República, foi trazido que o dispositivo em questão, que prevê o direito dos policiais civis em receberem verba indenizatória - e, diante do caráter indenizatório, ser isenta de imposto de renda, conforme debatido no parágrafo anterior - em razão de cargo ou função de confiança, assessoramento, coordenação, direção, bem como chefia de investigação, de cartório ou de plantão seria indevida ingerência na organização político-administrativa do Estado, tratando de matéria de competência privativa dos chefes dos executivos estaduais.

Ainda, foi feita referência à inconstitucionalidade em razão de decisão prolatada liminarmente na Ação Direto de Inconstitucionalidade 7.402, que tramita perante o Supremo Tribunal Federal.

Ocorre que o veto presidencial foi rejeitado pelo Congresso Nacional em sessão ocorrida no dia 28/05/2024. Dessa forma, o dispositivo permanece válido na legislação em estudo.

> *§ 9º Na forma da lei do respectivo ente federativo, em caso de morte de servidor policial civil decorrente de agressão, de contaminação por moléstia grave, de doença ocupacional ou em razão da função policial, os dependentes farão jus a pensão equivalente à remuneração do cargo da classe mais elevada e nível à época do falecimento, que será vitalícia para o cônjuge ou companheiro.*

O dispositivo em estudo traz importante previsão acerca do pensionamento de cônjuges ou companheiros de policiais civis que venham a falecer em razão de agressão, contaminação por doença grave, doença ocupacional ou em razão da atividade policial.

Segundo o parágrafo 9º, a pensão devida nos casos de morte pelas causas acima delineadas deve corresponder à remuneração do cargo da classe mais elevada à época do falecimento do policial.

Ocorre que, como não poderia ser diferente, tais direitos exigem a conformidade com a lei estadual do ente federativo em que está inserido o policial civil. É sabido que muitos Estados, recentemente, enveredaram por reformas administrativas que mitigaram direitos referentes a pensionamento.

> *§ 10. O policial civil afastado para mandato eletivo ou classista ou cedido para outro órgão de natureza de segurança pública ou institucional, parlamentar ou de gestão pública em outro ente federativo deve ter seu tempo contado como efetivo exercício no serviço policial, bem como ter mantidos os seus direitos para efeitos de promoção e de progressão no cargo e na carreira.*

O parágrafo em estudo traz o direito do policial civil afastado para exercer mandato eletivo ou classista, bem como daqueles cedidos para outro órgão ou até mesmo para outro ente federativo de ter computado o tempo como de efetivo exercício policial, fazendo jus, inclusive, à normal progressão e promoção no cargo e na carreira.

O desempenho de mandato eletivo e classista são atividades previstas na Constituição Federal de 1988 e, por tal razão, não podem acarretar prejuízo para o policial civil. O exercício de mandato classista é decorrência lógica do direito à livre associação sindical (artigos 8º e 37, inciso VI, da CF/88), sendo assim assegurado ao policial o afastamento sem que isso lhe traga prejuízos funcionais, notadamente quanto à contagem de tempo de serviço e para fins de promoção e progressão na carreira.

§ 11. O policial civil que completar os requisitos para a aposentadoria voluntária e optar por permanecer na atividade policial fará jus ao abono de permanência ao valor da sua contribuição previdenciária até que se dê a aposentadoria compulsória. ***(Vetado)***

O parágrafo em comento foi vetado por suposto ferimento ao interesse público.

De acordo com o teor do veto presidencial, o dispositivo em questão desconsidera a legislação estadual do ente federativo, invadindo tal competência para estabelecer parâmetros próprios de cálculo e reajuste de benefícios.

O artigo 40, §19, da Constituição Federal dispõe ser de competência do ente federativo dispor sobre tal tema.[10]

Diante do teor do texto constitucional, entendeu a Presidência da República pela necessidade de vetar o §11 que, também de acordo com as razões do veto, transformaria uma faculdade trazida pela Constituição Federal em uma obrigação, tanto quanto à concessão do abono permanência quanto na determinação de seu valor.

---

10. Art. 40. O regime próprio de previdência social dos servidores titulares de cargos efetivos terá caráter contributivo e solidário, mediante contribuição do respectivo ente federativo, de servidores ativos, de aposentados e de pensionistas, observados critérios que preservem o equilíbrio financeiro e atuarial.

(...)

'§ 19. Observados critérios a serem estabelecidos em lei do respectivo ente federativo, o servidor titular de cargo efetivo que tenha completado as exigências para a aposentadoria voluntária e que opte por permanecer em atividade poderá fazer jus a um abono de permanência equivalente, no máximo, ao valor da sua contribuição previdenciária, até completar a idade para aposentadoria compulsória (Redação dada pela Emenda Constitucional nº 103, de 2019).

> *§ 12. Em virtude da atividade de risco exercida, o policial civil pode ser promovido, de forma póstuma, à classe superior, independentemente da existência de vagas.*

A promoção póstuma é geralmente concedida para premiar policiais que realizaram atos que fogem à exigência comum, como atos de bravura que ocasionem morte. Contudo, não apenas em tais casos.

A atividade policial é repleta de riscos das mais variadas espécies, tanto por lidar diretamente com a criminalidade quanto pela exposição a agentes nocivos e insalubres.

Assim, andou bem a legislação ao positivar a possibilidade de promoção póstuma do policial civil à classe superior em razão do risco da atividade exercida, sendo que tal promoção, de acordo com o §12, independerá da existência de vagas e beneficiará, por óbvio, os dependentes do policial que vier a falecer e que seja promovido *post mortem*.

> *§ 13. Lei do respectivo ente federativo poderá criar critérios de promoção por bravura fundamentados em indicadores avaliados por comissão específica do Conselho Superior de Polícia Civil.*

É sabido que a atividade policial exige coragem, estando o policial exposto, diuturnamente, a riscos inerentes ao combate à criminalidade. Contudo, a promoção por bravura é aquela destinada aos policiais que praticam ato de coragem exacerbada, ultrapassando os limites normais do cumprimento do dever.

O parágrafo em comento trouxe a possibilidade de o Estado estabelecer tal forma de promoção e os critérios a serem adotados para concessão da promoção por ato de bravura. Desta forma, premia-se o policial civil que atuou para além do que era esperado, demonstrando dedicação e audácia em sua atividade funcional.

De acordo com o §13, a avaliação será realizada pelo Conselho Superior de Polícia Civil, órgão colegiado competente para decisão de temas de grande importância dentro das instituições policiais civis.

> *§ 14. O policial civil não pode ser promovido nos casos de condenação judicial transitada em julgado e de condenação definitiva em processo administrativo disciplinar de que não caiba recurso ou revisão, enquanto perdurarem os efeitos da condenação.*

O parágrafo em comento traz a vedação de que o policial civil seja promovido enquanto perdurarem os efeitos de eventual condenação proferida no bojo de um processo ou processo administrativo disciplinar.

É sabido que o policial civil, como qualquer agente público, está submetido a diversos diplomas legais no exercício de sua função. Durante a atividade policial, o policial está sujeito à responsabilização criminal, cível ou administrativa pelos atos ou até mesmo pelas omissões praticadas.

Assim, o §14 vedou a promoção do policial civil – ato administrativo que premia o servidor por critérios de antiguidade ou merecimento – enquanto perdurarem os efeitos de eventual condenação em processo, seja a punição de cunho criminal, cível ou administrativo.

> *§ 15. A estabilidade do policial civil dar-se-á após 3 (três) anos de efetivo exercício no cargo.*

A regra em comento veio somente confirmar – em que pese o mandamento constitucional carecer de confirmação – o teor do artigo 41, da Constituição Federal.[11]

11. Art. 41. São estáveis após três anos de efetivo exercício os servidores nomeados para cargo de provimento efetivo em virtude de concurso público.

Assim, sendo o concurso público a única forma de ingressar nas fileiras policiais civis, o dispositivo acaba por repetir, desnecessariamente, o teor da norma constitucional supracitada.

De toda forma, fez-se previsão expressa de que a estabilidade será adquirida após três anos de efetivo exercício no cargo. Cumpre destacar que a estabilidade tem importantes efeitos na vida do servidor público, garantindo que a perda do cargo somente se dará em razão de sentença judicial transitada em julgado, mediante processo administrativo com ampla defesa ou mediante avaliação periódica de desempenho.

> *§ 16. Os proventos de aposentadoria dos policiais civis correspondem à totalidade da remuneração do servidor no cargo efetivo em que se der a aposentadoria, assegurada a revisão na mesma proporção e na mesma data, sempre que se modificar a remuneração dos servidores em atividade.* ***(Vetado)***

O parágrafo em comento foi vetado pela Presidência da República.

Importante elucidar que a regra da "integralidade" estabelece que o servidor tem direito, quando de sua aposentadoria, que sua remuneração inicial seja a correspondente à sua última remuneração, enquanto na ativa. Por outro lado, a regra da paridade, estabelece que o servidor aposentado tem direito às mesmas modificações de remuneração e benefícios que sejam ofertados para os servidores ativos da mesma carreira.

Ocorre que, segundo as razões do veto presidencial, o estabelecimento de tais direitos deve ser realizado pelo ente estadual. Assim, caso lei complementar do ente federativo não preveja tais direitos, não é possível que a LONPC o faça.

O Supremo Tribunal Federal já enveredou pelo tema no julgamento do RE 1162672.[12]

> *§ 17. Lei complementar do respectivo ente federativo poderá dispor sobre regras diferenciadas de aposentadoria quanto ao tempo de contribuição, de atividade policial e, de forma mais benéfica, quanto ao sexo feminino.*

O dispositivo autoriza o ente federativo a criar, mediante lei específica, regras diferenciadas de aposentadoria, notadamente quanto aos critérios de tempo de contribuição, quanto à atividade policial e também de forma diferenciada para o sexo feminino.

Assim, em que pese o dispositivo em comento inserido na LONPC, segue sob responsabilidade dos Estados-membros a criação ou não dos critérios especiais de aposentadoria aos policiais civis em razão da natureza da atividade prestada.

> *§ 18. Aplica-se ao policial civil aposentado o disposto no art. 17 desta Lei.*

O parágrafo em estudo garante ao policial civil aposentado o direito a benefícios que vierem a ser instituídos pelos Estados, Distrito Federal e Territórios no tocante a serviços de saúde.

Desta forma, o policial aposentado terá direito a usufruir – caso sejam instituídas pelos entes federados – de unidades de saúde

---

12. O servidor público policial civil que preencheu os requisitos para a aposentadoria especial voluntária prevista na LC nº 51/85 tem direito ao cálculo de seus proventos com base na regra da integralidade e, quando também previsto em lei complementar, na regra da paridade, independentemente do cumprimento das regras de transição especificadas nos arts. 2º e 3º da EC 47/05, por enquadrar-se na exceção prevista no art. 40, § 4º, inciso II, da Constituição Federal, na redação anterior à EC 103/19, atinente ao exercício de atividade de risco (RE 1162672, Rel. Min. Dias Toffoli, publicado em 15/10/2023).

e assistência ambulatorial, clínica, psicológica, psiquiátrica e terapêutica e também ao devido encaminhamento para unidades especializadas em caso de necessidade de cirurgias mais complexas.

Tal previsão é relevante em razão dos problemas de saúde enfrentados pelos policiais civis, tanto físicos quanto psicológicos, problemas estes que não desaparecem – talvez até aumentem – quando da aposentadoria, sendo imprescindível que o Estado continue ofertando direitos básicos de saúde aos policias inativos.

> *§ 19. É vedado instituir procedimentos de cassação da aposentadoria em razão do caráter contributivo desta e da exigência de requisitos para a sua obtenção.* ***(Vetado)***

O parágrafo em estudo foi vetado pela Presidência da República.

A penalidade de cassação da aposentadoria é prevista em diversas leis orgânicas, levando o policial que praticou, em atividade, penalidade passível de punição com demissão ou demissão a bem do serviço público a perder sua aposentadoria.

Nas razões do veto presidencial, foi trazida a decisão prolatada pelo STF, na ADPF 418/DF, que entendeu pela constitucionalidade da penalidade.[13]

O dispositivo buscava vedar a instauração de procedimentos de cassação de aposentadoria por entender que o policial civil, ao contribuir durante toda sua vida funcional para o fundo previdenciário, teria direito adquirido e imodificável de gozar da

13. Arguição de descumprimento de preceito Fundamental. Constitucional e administrativo. Arts. 127, IV, e 134 da lei 8.112/1990. Penalidade disciplinar de cassação de aposentadoria ou disponibilidade. Emendas constitucionais 3/1993, 20/1998 e 41/2003. Penalidade que se compatibiliza com o caráter contributivo e solidário do regime próprio de Previdência dos servidores. Poder disciplinar da Administração pública. Ação julgada improcedente.

aposentadoria quando atingidos os critérios legais para passar à inatividade.

Também fez parte das razões do veto presidencial a questão do poder disciplinar exercido pela Administração Pública. Assim, não seria dado à novel legislação afastar a possibilidade de punição do servidor que pratica falta grave enquanto estava em atividade – que o levaria a ser demitido – simplesmente pelo fato de já ter se aposentado. Tal argumento, em que pese ser aparentemente lesivo ao policial civil, tem suas razões de ser pois, dada a "blindagem" de não alcance de punição ao servidor aposentado por fatos praticados em atividade, poderia o servidor mal intencionado, ao ver-se próximo da aposentadoria, ver-se incentivado à prática de atos ilícitos e indevidos em razão da impunidade alcançada com a migração para a inatividade.

> *§ 20. É garantido direito à promoção na carreira de classe a classe, admitida a promoção extraordinária em casos excepcionais e diferenciados, conforme a lei do respectivo ente federativo.*

É sabido que a promoção do servidor público, ordinariamente, é dada classe a classe, ou seja, o servidor que adentra, por exemplo, como Delegado de Polícia de 3ª Classe será promovido, quando atingidos os critérios necessários, para a 2ª Classe. Após, o Delegado de 2ª Classe é promovido para a 1ª Classe e, por fim, para a Classe Especial.

Ocorre que existe a chamada promoção extraordinária, que é aquela que não respeita a "escada" de classe a classe, como exposto no exemplo acima. Assim, mediante critérios a serem fixados pelos entes federativos, ficou autorizada a promoção extraordinária onde o policial civil pode ser promovido *per saltum*, ou seja, pode passar, por exemplo, da 3ª para a 1º Classe, sem que necessariamente tenha que ter passado pela 2ª classe.

As promoções extraordinárias geralmente são concedidas em razão de atos de bravura, *post mortem* ou em razão de eventos que resultem em invalidez do policial civil.

*Art. 31. **(Vetado).***

Roberto Santos da Silva

Waldir Antonio Covino Junior

EIXO 6 – ART. 31 A 50 DA LONPC

O presente bloco, denominado eixo 6, discorre sobre a Lei nº 14.735/23, denominada Lei Orgânica Nacional das Polícias Civis (LONPC), se concentrando em determinados das garantias, direitos, deveres e vedações dos policiais civis, previstos nos artigos 31 ao 35 (Seção III do Capítulo III), e na totalidade dos dispositivos contidos no Capítulo V, que trata das disposições finais e transitórias, que vai do art. 36 ao 50 da LONPC. Neste bloco a LONPC sofreu onze vetos, os quais serão considerados durante nossa exposição.

DO PROGRAMA DE BEM-ESTAR POLICIAL – VETADO

Inteiramente vetado, estava previsto no artigo 31 do projeto da LONPC, o programa de bem-estar dos policiais civis destacava a responsabilidade do poder público em assegurar uma gama abrangente de assistências e serviços de apoio a esses profissionais, como fogo na multiplicidade assistencial, ou seja, o conjunto de assistências que o poder público deve fornecer aos policiais civis, a saber: assistência médica, psicológica, psiquiátrica, odontológica, social e jurídica. Esta abordagem abrangente reconhece que a natureza do trabalho policial pode afetar diversos aspectos de sua vida e bem-estar.

> *Art. 31. O poder público deve assegurar assistência médica, psicológica, psiquiátrica, odontológica, social e jurídica, bem como seguro de vida e de acidente pessoal aos policiais civis, e pode criar unidade de saúde específica em sua estrutura funcional com todos os meios e recursos técnicos necessários.* ***(Vetado)***

Além das assistências mencionadas, o artigo também estipula a provisão de seguro de vida e de acidente pessoal. Isso é crucial, considerando os riscos inerentes à profissão policial.

O dispositivo concede a discricionariedade de dotação da estrutura funcional interna objetivando a criação de unidades de saúde específicas no organograma da Polícia Civil. Isso facilitaria o acesso dos policiais a serviços de saúde e apoio, otimizando o cuidado e a atenção às suas necessidades específicas. A menção a "todos os meios e recursos técnicos necessários" sublinha a importância de uma infraestrutura bem equipada e de profissionais capacitados para atender às demandas de saúde e bem-estar dos policiais civis.

Nas razões do veto entendeu-se que "a proposição legislativa é contrária ao interesse público, pois cria benefício e vantagem pecuniária de caráter indenizatório para servidores públicos estaduais, desconsiderando a legislação estadual pertinente, inclusive nas hipóteses em que a respectiva legislação prevê a percepção por subsídios, o que vedaria adicionais na forma proposta".

A leitura atenta do dispositivo revela que o veto não tem razões jurídicas, posto que a maior parte dos entes federativos já possuem essa gama assistencial, inclusive seguro aos policiais civis. Além do mais, a própria lei confere prazo razoável para que os entes se alinhem às suas determinações, por fim, apenas para argumentar, se fosse caso de criação de despesa sem previsão legal a norma ainda poderia ser impugnada no âmbito judicial, permitindo participação de todas as entidades representativas e uma prestação de contas feita caso à caso, segundo a realidade orçamentária de cada ente federativo, inclusive concedendo-se prazo suplementar e convênios da União visando a suplementação orçamentária específica. Razões de nossa discordância, com todo o respeito ao posicionamento alinhado ao veto.

DA REMUNERAÇÃO POLICIAL

> *Art. 32. A remuneração dos servidores policiais civis, em qualquer regime remuneratório, não exclui os direitos previstos no § 3º do art. 39 e nos incisos XXIII e XXIV do caput do art. 7º da Constituição Federal nem outros direitos sociais e laborais previstos na legislação.*

O art. 32 da Lei Orgânica Nacional da Polícia Civil fixa parâmetros para evitar distorções entre os diversos entes federativos que mantêm em sua estrutura a Polícia Civil, assegurando que a forma de pagamento escolhida não deve excluir direitos fundamentais garantidos pela Constituição Federal e por outras leis. Inicialmente é importante destacar que o art. 32 declara que o servidor policial civil não está alijado da garantia de direitos fundamentais, assegurando que, independentemente do regime remuneratório adotado para os policiais civis, direitos essenciais previstos na Constituição e em outras legislações devem ser mantidos.

O dispositivo, embora aberto a outros direitos, faz referência expressa a direitos elencados na Constituição Federal, afirmando que os servidores policiais civis são destinados os "**direitos previstos no § 3º do art. 39 e nos incisos XXIII e XXIV do caput do art. 7º da Constituição Federal**". O § 3º do art. 39 da Constituição Federal, que remete ao seu art. 7º e incisos, assim dispõe:

> *Art. 39. (...)*
>
> *§ 3º. aplica-se aos servidores ocupantes de cargo público o disposto no art. 7º, IV, VII, VIII, IX, XII, XIII, XV, XVI, XVII,*

XVIII, XIX, XX, XXII e XXX, podendo a lei estabelecer requisitos diferenciados de admissão quando a natureza do cargo o exigir.

Desse modo, para conhecimento dos direitos e garantias sociais, expressos no artigo 32 da LONPC, destinados aos policiais civis, apresentamos o seguinte rol de incisos do artigo 7º da Constituição Federal:

- Inciso IV – salário mínimo, fixado em lei, nacionalmente unificado, capaz de atender às suas necessidades vitais básicas e às de sua família com moradia, alimentação, educação, saúde, lazer, vestuário, higiene, transporte e previdência social, com reajustes periódicos que lhe preservem o poder aquisitivo, sendo vedada sua vinculação para qualquer fim;
- Inciso VII – garantia de salário, nunca inferior ao mínimo, para os que percebem remuneração variável;
- Inciso VIII – décimo terceiro salário com base na remuneração integral ou no valor da aposentadoria;
- Inciso IX – remuneração do trabalho noturno superior à do diurno;
- Inciso XII – salário-família pago em razão do dependente do trabalhador de baixa renda nos termos da lei;
- Inciso XIII – duração do trabalho normal não superior a oito horas diárias e quarenta e quatro semanais, facultada a compensação de horários e a redução da jornada, mediante acordo ou convenção coletiva de trabalho;
- Inciso XV – repouso semanal remunerado, preferencialmente aos domingos;
- Inciso XVI – remuneração do serviço extraordinário superior, no mínimo, em cinquenta por cento à do normal;

- Inciso XVII – gozo de férias anuais remuneradas com, pelo menos, um terço a mais do que o salário normal;
- Inciso XVIII – licença à gestante, sem prejuízo do emprego e do salário, com a duração de cento e vinte dias;
- Inciso XIX – licença-paternidade, nos termos fixados em lei;
- Inciso XX – proteção do mercado de trabalho da mulher, mediante incentivos específicos, nos termos da lei;
- Inciso XXII – redução dos riscos inerentes ao trabalho, por meio de normas de saúde, higiene e segurança;
- Inciso XXIII – adicional de remuneração para as atividades penosas, insalubres ou perigosas, na forma da lei;
- Inciso XXIV – aposentadoria e, por fim,
- Inciso XXX – proibição de diferença de salários, de exercício de funções e de critério de admissão por motivo de sexo, idade, cor ou estado civil.

Em resumo, o artigo 32 da Lei Orgânica Nacional da Polícia Civil é um dispositivo importante que assegura a proteção dos direitos sociais e laborais dos servidores policiais civis.

DEVERES DOS POLICIAIS CIVIS

Art. 33. São deveres dos policiais civis:

I – observar os valores, as diretrizes e os princípios da instituição;

II – obedecer prontamente às determinações legais do superior hierárquico;

III – exercer com zelo, disciplina e dedicação suas atribuições;

IV – cumprir as normas legais e regulamentares;

> *V – respeitar e atender com presteza os demais servidores e o público em geral;*
>
> *VI – manter conduta compatível com a moralidade e a probidade administrativa;*
>
> *VII – ser proativo e colaborar para a eficiência da polícia civil;*
>
> *VIII – buscar o aperfeiçoamento profissional;*
>
> *IX – zelar pela economia do material e a conservação do patrimônio público;*
>
> *X – colaborar com a administração da justiça; e*
>
> *XI – respeitar a imagem, os valores e os preceitos da instituição, na forma do respectivo estatuto disciplinar.*

O Artigo 33 da Lei Orgânica Nacional da Polícia Civil estabelece um conjunto abrangente de deveres e valores essenciais para os policiais civis, delineando as expectativas de comportamento e desempenho profissional dentro da instituição. Este reforça a hierarquia e disciplina da instituição policial civil, fundamento de qualquer instituição que exerça, diante das hipóteses previstas em lei, o uso legítimo da força, realçando a responsabilidade individual dos policiais civis em caso de inobservância, conforme se vê:

Observância de Valores Institucionais: os policiais devem aderir aos valores, diretrizes e princípios da instituição policial civil, garantindo alinhamento com sua missão (ofertar segurança pública à sociedade e fazer justiça na aplicação da lei em solo policial, reprimindo condutas criminosas por meio da investigação criminal materializada pelo inquérito policial ou outro procedimento criminal previsto em lei) e objetivos (reduzir a taxa de criminalidade, melhorar a eficiência na repressão de crimes que mais agridem a sociedade ou causam comoção social; ampliar programas de prevenção à determinados crimes; aumentar a capacitação dos policiais; melhorar continuamente a qualidade de seu atendimento e relação com a comunidade; participar de conselhos e colegiados em âmbito municipal, distrital e federal que tenham relação direta ou indireta com sua missão, entre outros resultados e ações definidos pela Administração Superior da instituição)

Obediência às Determinações Legais: é crucial a obediência pronta às ordens legais de superiores, respeitando a hierarquia e a estrutura organizacional da Polícia Civil.

Zelo, Disciplina e Dedicação: os policiais são obrigados a desempenhar suas funções com zelo, disciplina e dedicação, essenciais para a eficácia e eficiência do serviço policial. Zelo se refere ao cuidado e diligência com que um policial civil realiza suas funções. Implica em estar atento aos detalhes e empenhar-se para garantir que todas as tarefas sejam executadas com precisão e eficácia (tome-se como exemplo um Investigador que num caso de roubo revisa meticulosamente as evidências, verificar todas as possíveis testemunhas e segue cada indício, por menor que seja, para resolver o caso de forma abrangente). O zelo também está na conservação e cuidado com o patrimônio e instrumentos que lhe são confiados em sua atividade policial (tais como arma de fogo, armamento menos letal, viaturas e patrimônio alheio apreendido durante a atividade). Disciplina está relacionada à capacidade de seguir regras, normas e procedimentos estabelecidos, mantendo uma conduta profissional que respeita a hierarquia e as diretrizes da instituição policial. Exemplo: um policial que mantém a compostura em situações de estresse, adere rigorosamente aos protocolos de segurança durante uma operação e respeita a cadeia de comando, mesmo em circunstâncias desafiadoras, está demonstrando disciplina. Dedicação é o compromisso persistente e a paixão pelo trabalho. Significa colocar o melhor de si na realização das tarefas e estar comprometido com os objetivos e a missão da Polícia Civil. Exemplo de uma policial civil que se voluntaria para turnos extras, obviamente com a devida contraprestação, para garantir a cobertura adequada da área; também aquele investe tempo e/ou recursos pessoais em treinamento adicional para aprimorar suas habilidades demonstra um alto grau de dedicação; ou que não desiste de aprofundar-se em outras vertentes investigativas, buscando elementos de prova ou auxílio em policiais mais experientes ou em fontes externas de conhecimento para elucidar determinado caso complexo e de difícil esclarecimento, são exemplos de dedicação.

Cumprimento de Normas: a adesão estrita às normas legais e regulamentares é um requisito fundamental para garantir a legalidade e a legitimidade das ações policiais. Não se admite, sob o pretexto de reprimir a criminalidade, que sejam empregados procedimentos e ações irregulares e/ou criminosas que agridam direitos e a dignidade dos envolvidos no contexto policial, ou seja, vítimas, testemunhas, suspeitos, autores, partes, profissionais do Direito e da Segurança Pública/Privada (incluindo os próprios policiais civis), entre outros.

Respeito e Presteza no Atendimento: respeitar e atender com presteza não apenas os colegas, mas também o público em geral, fortalece a confiança na instituição. Conforme o conhecido adágio policial, "a cortesia não compromete a valentia". Geralmente, as pessoas que recorrem à unidade policial já foram vítimas e merecem compreensão e tolerância nesse momento de crise. Em outras ocasiões, por ser a instituição policial uma das poucas, senão a única em muitos casos, a representar o Estado com portas abertas à população 24 horas por dia, muitos a procuram para resolver questões extrapoliciais, como visitação de filhos em meio a separações conjugais informais, entrega de chaves ou danos em imóveis alugados, desacordos comerciais acirrados, entre outros. Em todos os casos que não se relacionem diretamente à atividade policial, as partes devem receber a devida orientação e encaminhamento.

Moralidade e Probidade Administrativa: manter uma conduta que esteja em conformidade com a moralidade e a probidade é essencial para a integridade profissional e a confiança pública. Enquanto a moralidade abrange uma ampla gama de princípios éticos e de boa conduta, a probidade administrativa foca mais especificamente na honestidade e integridade na administração e uso dos recursos e poderes públicos. A moralidade é o alicerce ético mais amplo que orienta o comportamento do servidor público (um policial que age com justiça, trata todos com respeito e igualdade, e recusa-se a participar ou encobrir práticas corruptas ou abusivas, demonstra moralidade em sua conduta), enquanto a probidade administrativa é uma aplicação mais específica desses princípios éticos, especialmente no que diz respeito ao manejo de recursos, poderes e deveres oficiais nos procedimentos administrativos (um policial que gerencia recursos públicos de maneira transparente, evita conflitos de interesse, e denuncia qualquer ato de corrupção, pratica a probidade administrativa). Ambas são essenciais para a integridade profissional e a manutenção da confiança pública, especialmente em serviços críticos como da Polícia Civil.

Proatividade e Colaboração: A proatividade e a colaboração para a eficiência da Polícia Civil são incentivadas, visando a melhoria contínua da instituição. A proatividade é a qualidade de antecipar situações e tomar iniciativas para resolver problemas ou melhorar condições sem necessitar de direção constante. Refere-se a uma abordagem ativa, onde o indivíduo age antes de ser solicitado ou antes que a necessidade de ação se torne crítica. A colaboração é o ato de trabalhar conjuntamente com outras pessoas, sejam colegas de trabalho, outras agências ou a comunidade, para alcançar um objetivo comum. Envolve comunicação, partilha de conhecimentos e recursos, e frequentemente a construção de consenso ou compromisso. Enquanto a proatividade se concentra na iniciativa individual e na antecipação para melhorar ou resolver problemas, a colaboração é sobre trabalhar em equipe, compartilhando habilidades e conhecimentos para alcançar um objetivo comum.

Aperfeiçoamento Profissional: o constante aperfeiçoamento profissional é encorajado, reconhecendo a necessidade de desenvolvimento contínuo em um ambiente de trabalho dinâmico e desafiador. O cenário do crime e da aplicação da lei está sempre evoluindo, com novas formas de crime emergindo e mudanças nas leis e na sociedade, para tanto basta pensar nos crimes cometidos com uso da informática, nas organizações criminosas, nos crimes contra o consumidor e crimes que acometem valores difusos como a saúde, o meio ambiente, a segurança viária e as instituições democráticas. O aperfeiçoamento profissional ajuda os policiais a se manterem atualizados e, se possível, antecipando-se às condutas criminosas.

Economia e Conservação de Recursos: é fundamental a gestão responsável dos recursos públicos, que abrange a economia de materiais e a conservação do patrimônio público. Buscar eficiência, maximizando resultados com o mínimo de recursos, é uma meta essencial. Isso inclui a manutenção adequada de prédios, equipamentos e instrumentos, cuja deterioração ou perda resulta em custos adicionais para o erário e pode levar à responsabilização do servidor por falta de zelo.

Colaboração com a Justiça: a cooperação na administração da justiça reitera o papel fundamental da Polícia Civil no sistema jurídico. Esta colaboração é fundamental para o funcionamento eficaz do sistema jurídico, pois a polícia atua como a primeira instância na cadeia de justiça criminal. A natureza de "polícia judiciária" implica que a Polícia Civil é responsável pela investigação de crimes, coletando evidências e informações que serão fundamentais para a instrução de processos judiciais. Esta função investigativa é essencial para fundamentar as ações da acusação, da defesa e do Poder Judiciário na tomada de decisões informadas e justas. Não se trata de investigar para condenar, como se a instituição policial fosse um auxiliar da acusação, ao contrário, o foco é na realização da justiça, ainda que para inocentar o investigado ao final do procedimento. A face de Polícia Judiciária também se revela quando da necessidade de força policial em atos externos ao ambiente forense, como no acompanhamento de diligências do oficial de justiça, cumprimento de mandados judiciais, expedição de alvará de soltura, fixação e coleta de fiança nos casos previstos em lei, desocupação imediata do agressor quando na comarca não houver juiz, entre outros.

Respeito à Imagem Institucional: respeitar a imagem e os preceitos da instituição é vital para manter a dignidade e a reputação da Polícia Civil. A crítica dentro de uma instituição, como a polícia, deve ser construtiva e baseada em análises técnicas e objetivas, sempre visando o aprimoramento da corporação. Críticas infundadas, que carecem de fundamento técnico e que são movidas por questões pessoais ou políticas, podem comprometer a coesão interna, a moral da tropa e a imagem da instituição perante a sociedade. O uso dos recursos, informações e prerrogativas associadas ao cargo policial para benefício pessoal é estritamente proibido. Isso inclui utilizar a posição policial para obter vantagens, favorecimentos ou qualquer forma de benefício próprio ou para terceiros, tais como a exposição de símbolos, uniformes, armas e outros equipamentos policiais nas redes sociais sem a devida e prévia autorização. A observância desse dever é essencial para manter a integridade, a confiança e o respeito pela instituição policial no ambiente interno e externo.

DA HIERARQUIA E DISCIPLINA POLICIAL CIVIL

> *§ 1º A hierarquia e a disciplina são valores de integração e de otimização das atribuições dos cargos e das competências organizacionais das polícias civis, direcionadas a assegurar a unidade da investigação criminal.*

Ainda no artigo 33, em seu parágrafo primeiro, a LONPC ressalta a importância da hierarquia e da disciplina como valores integradores, essenciais para a eficácia das funções policiais e para assegurar a unidade na investigação criminal. A hierarquia é sobre a organização do poder e do comando, e a disciplina é sobre a conduta e a adesão às normas dentro dessa estrutura.

A hierarquia refere-se à estrutura organizacional que estabelece os níveis de autoridade dentro da polícia civil, definindo claramente as posições de liderança e subordinação. Essa estrutura é essencial para manter a ordem e a clareza de comando, assegurando que as decisões e instruções fluam de forma eficiente de cima para baixo. Na investigação criminal, a disciplina assegura que os procedimentos e cadeia de comando sejam seguidos rigorosamente, garantindo a legalidade e a integridade do processo.

DA HARMONIA E RESPEITO

> *§ 2º As polícias civis devem adotar medidas para assegurar a harmonia e o respeito entre os policiais de todas as classes e categorias, prevenindo e reprimindo quaisquer condutas ofensivas, insubordinação legal e assédio de qualquer natureza.*

Por fim, o parágrafo segundo do art. 33, que cuida do ambiente de trabalho, em seu aspecto relacional, também foi abordado pela LONPC. Neste quadro aborda-se a necessidade de as polícias civis adotarem medidas para assegurar um ambiente de trabalho harmonioso e respeitoso, prevenindo e reprimindo condutas ofensivas, insubordinação e assédio.

Harmonia refere-se ao estado de coexistência pacífica e colaborativa dentro da instituição, onde conflitos, tensões e disputas são minimizados. Respeito, por outro lado, é o reconhecimento e a consideração pela dignidade, posição, e direitos de todos os membros da instituição, independentemente de suas classes e categorias. Envolve o tratamento justo e equitativo de todos os policiais, a valorização de suas contribuições e a garantia de um ambiente de trabalho livre de preconceitos, discriminação, assédio ou qualquer forma de abuso.

DA SIGILOSIDADE DAS INFORMAÇÕES

> *Art. 34. É vedada a divulgação, a qualquer tempo e fora da esfera policial, de técnicas de investigação utilizadas pelas polícias civis e de qualquer dado ou informação obtidos por meio de medida cautelar judicial, ressalvadas as hipóteses legais, e o infrator deve responder civil, administrativa e criminalmente pela divulgação não baseada na lei.*

O artigo 34 da Lei Orgânica Nacional da Polícia Civil estabelece normas rigorosas sobre a confidencialidade e a proteção das técnicas de investigação e das informações sensíveis obtidas pelas polícias civis. Este artigo destaca a importância da integridade e da segurança nas operações policiais, proibindo a divulgação não autorizada de métodos investigativos e dados adquiridos através de medidas cautelares judiciais, nos seguintes termos:

Vedação à Divulgação de Técnicas e Informações: a principal disposição deste artigo é a proibição da divulgação de técnicas de investigação e informações sensíveis fora do âmbito policial. Isso inclui qualquer dado ou informação que tenha sido obtido por meio de autorização judicial, como interceptações telefônicas, vigilâncias, operações encobertas, técnicas de elucidação de crimes, entre outros. Essa medida visa proteger a eficácia das investigações e a segurança das operações, além de resguardar a privacidade dos indivíduos envolvidos. Por vezes a divulgação dessas informações acabam servindo de fonte para que a criminalidade busque neutralizar a investigação policial, também, pode servir como meio pedagógico sobre como aventurar-se corretamente nas condutas criminosas, até então reprimidas.

Responsabilização por Divulgação Não Autorizada: o artigo também estabelece que a divulgação de tais informações, quando não baseada em permissões legais, sujeita o infrator a responsabilidades civil, administrativa e criminal. Isso sublinha a gravidade de tais atos e a necessidade de se manter a disciplina e o respeito às normativas que regem as atividades policiais. Entre as permissões legais destaca-se as previsões da súmula 14 do STF (É direito do defensor, no interesse do representado, ter acesso amplo aos elementos de prova que, já documentados em procedimento investigatório realizado por órgão com competência de polícia judiciária, digam respeito ao exercício do direito de defesa) e as normas previstas no Estatuto da OAB (Lei n. 8.906/94) especialmente em seu artigo 7º, incisos XIV (examinar, em qualquer instituição responsável por conduzir investigação, mesmo sem procuração, autos de flagrante e de investigações de qualquer natureza, findos ou em andamento, ainda que conclusos à autoridade, podendo copiar peças e tomar apontamentos, em meio físico ou digital) e, por fim, na Lei n. 13.869/219 (Lei dos crimes de abuso de autoridade), no artigo 32 (Negar ao interessado, seu defensor ou advogado acesso aos autos de investigação preliminar, ao termo circunstanciado, ao inquérito ou a qualquer outro procedimento investigatório de infração penal, civil ou administrativa, assim como impedir a obtenção de cópias, ressalvado o acesso a peças relativas a diligências em curso, ou que indiquem a realização de diligências futuras, cujo sigilo seja imprescindível), entre outras. O direito fundamental à informação, previsto na Constituição Federal (art. 5º, inciso XIV – é assegurado a todos o acesso à informação e resguardado o sigilo da fonte, quando necessário ao exercício profissional) deve ser realizado sem que se prejudique diligências em andamento, bem como a dignidade dos envolvidos (inclusive autores e suspeitos) na investigação criminal. O sigilo das investigações pode ser decretado, pelo Delegado de Polícia e/ou pelo Juiz que fiscaliza o procedimento, todavia, tal limitação não alcança o defensor (CPP, art. 20. A autoridade assegurará no inquérito o sigilo necessário à elucidação do fato ou exigido pelo interesse da sociedade).

EXCEÇÕES AO SIGILO

> *§ 1º A vedação disposta neste artigo não se aplica aos cursos de formação, de aperfeiçoamento, de atualização e outros, exclusivamente ministrados aos profissionais das instituições previstas no art. 144 da Constituição Federal.*

O § 1º do artigo 34 introduz exceções à proibição de divulgação de informações, quando feitas para fins de formação profissional, assim, as informações sobre técnicas de investigação podem ser compartilhadas em contextos educacionais destinados ao treinamento e ao desenvolvimento profissional de membros das forças de segurança, conforme delineado no art. 144 da Constituição Federal.

Isso inclui cursos de formação, aperfeiçoamento, seminário, congresso e atualização, garantindo que os profissionais da segurança pública estejam bem informados e adequadamente treinados, sem comprometer a segurança, a confidencialidade das operações e dignidade de todos os envolvidos.

PROTEÇÃO DE INFORMAÇÕES EM AUDIÊNCIAS

> *§ 2º Em audiências, inclusive judiciais, o policial civil deve resguardar o máximo possível a sigilosidade das técnicas e das ferramentas de investigação.*

O § 2º, do art. 34, reforça a necessidade de proteger informações sensíveis mesmo em contextos judiciais, onde os policiais civis devem esforçar-se para manter a confidencialidade das técnicas e ferramentas de investigação, a menos que a divulgação seja estritamente necessária e autorizada pela justiça.

Salvo determinação expressa, a audiência judicial e tão pouco relatórios de investigação não devem servir como apostilas de aprendizagem de atividades policiais, justamente para manter a eficácia da técnica em futuras incursões. O mesmo se diga quanto à revelação de testemunhas e vítimas protegidas, cuja revelação deve ser feita somente ao Juiz de Direito, em ambiente reservado, conforme disposições contidas na Lei 9.807/99 (Lei de proteção à vítimas e testemunhas), especialmente em seu artigo 7º (exemplo omissão de dados qualificativos no inquérito com base no inciso IV que fala sobre a "preservação da identidade, imagem e dados pessoais"); na Lei 12.850/12 (art. 18 – Revelar a identidade, fotografar ou filmar o colaborador, sem sua prévia autorização por escrito), entre outros.

LEGISLAÇÕES COMPLEMENTARES AO SIGILO

> *§ 3º A lei do respectivo ente federativo pode estabelecer outras vedações ao policial civil além das previstas neste artigo.*

Por fim, o § 3º, do art. 34, permite que as leis dos entes federativos estabeleçam vedações adicionais, possibilitando a adaptação das normas à realidade local e às necessidades específicas de cada jurisdição policial.

Esse artigo também abre possibilidades processuais ao Delegado de Polícia de usar seu poder geral de cautela para preservar a segurança dos envolvidos e sua dignidade, além da eficácia da investigação, sempre comunicando ao Juiz do feito a medida adotada em caráter de urgência e representando por sua manutenção ao longo do procedimento ou enquanto perdurarem as condições que lhe deram causa.

DA ISONOMIA FUNCIONAL

> *Art. 35. É vedada a aplicação de critérios de tratamento diferenciado para fins de promoção, de progressão, de aposentadoria, de lotação, de designação ou de qualquer outra*

discriminação da atividade funcional dos cargos efetivos, ressalvados aqueles dispostos em lei.

O artigo 35 da proposta da Lei Orgânica Nacional da Polícia Civil aborda princípios fundamentais de igualdade e isonomia dentro da estrutura organizacional da Polícia Civil.

Ao dispor sobre isonomia é possível constatar que a LONPC assimilou valores constitucionais do art. 3º (IV – promover o bem de todos, sem preconceitos de origem, raça, sexo, cor, idade e quaisquer outras formas de discriminação.), 4º (VIII – repúdio ao terrorismo e ao racismo) e 5º (XXXI – proibição de qualquer discriminação no tocante a salário e critérios de admissão do trabalhador portador de deficiência; XLII – a prática do racismo constitui crime inafiançável e imprescritível, sujeito à pena de reclusão, nos termos da lei) e legais da Lei 7.716/89 (Art. 3º Impedir ou obstar o acesso de alguém, devidamente habilitado, a qualquer cargo da Administração Direta ou Indireta, bem como das concessionárias de serviços públicos – Parágrafo único. Incorre na mesma pena quem, por motivo de discriminação de raça, cor, etnia, religião ou procedência nacional, obstar a promoção funcional) assegurando que todos os servidores policiais civis sejam tratados de maneira equânime em diversas dimensões de sua carreira e vida funcional.

Vamos detalhar os pontos chave deste artigo.

Proibição de Discriminação: o artigo proíbe explicitamente a aplicação de critérios discriminatórios que resultem em tratamento diferenciado para os policiais civis, especialmente em aspectos críticos como promoção, progressão na carreira, aposentadoria, lotação e designação para tarefas específicas. Esta disposição visa garantir que todas as decisões relacionadas à carreira dos policiais sejam impessoais, objetivas e definidas anteriormente ao ato, com transparência e probidade, baseadas em méritos, qualificações e necessidades organizacionais, sem qualquer forma de preconceito ou favorecimento direcionado a certos indivíduos.

Exceções Baseadas em Lei: o artigo reconhece que podem existir situações legítimas, previstas em lei, que requerem tratamento diferenciado. Estas exceções são ressalvadas para garantir que a legislação especializada, que atende a necessidades específicas ou a políticas afirmativas (cotas para pessoas com deficiência, mulheres, negros e indígenas, por exemplo), possa ser aplicada sem violar o princípio de igualdade. Por exemplo, leis que estabelecem condições especiais de trabalho para gestantes ou servidores com deficiência.

> *Parágrafo único. É igualmente vedado o tratamento diferenciado pautado em sexo, em cargo e em limitação física ou para o gozo de direitos previstos em lei, a exemplo da cessão ou das licenças previstas nesta Lei.*

Proibição de Discriminação por Sexo, Cargo ou Limitação Física: o parágrafo único amplia a proibição de discriminação, enfatizando que não deve haver tratamento diferenciado baseado no sexo do servidor, no cargo que ocupa ou em qualquer limitação física. Isso reforça o compromisso da instituição com a igualdade de gênero e a inclusão, assegurando que todos os policiais civis tenham as mesmas oportunidades e sejam avaliados por suas capacidades e contribuições.

O mesmo parágrafo destaca a proibição de tratamento diferenciado na concessão de direitos já estabelecidos pela legislação, como licenças e cessões. Isso assegura que todos os policiais civis possam usufruir plenamente dos direitos e benefícios previstos em lei, sem qualquer forma de discriminação ou barreira injustificada.

Capítulo V

Disposições Finais e Transitórias

DA ADEQUAÇÃO MATERIAL E HUMANA NECESSÁRIA AO SERVIÇO POLICIAL

> *Art. 36. O poder público deve assegurar as condições necessárias à segurança e ao funcionamento das instalações físicas das unidades policiais, bem como o número adequado de servidores para o atendimento eficiente ao usuário.*

O Serviço de natureza policial civil é essencial, permanente e de Estado, não podendo ser delegado a terceiros e tão pouco substituído. Devendo ser exercido diretamente pelo Estado. Assim, visando assegurar a continuidade dessa prestação pública, a LONPC prevê:

Este preceito legal se caracteriza como um imperativo de administração dos recursos, com o intuito de garantir que o Estado cumpra seu papel de fornecer a infraestrutura e o efetivo humanos indispensáveis para um funcionamento efetivo da Polícia Civil, elementos vitais para a administração da justiça e a manutenção da ordem social.

A expressão "**poder público**" é compreendida em um sentido amplo, cobrindo a totalidade da administração do ente federado, incluindo, mas não se limitando a, as finanças, a infraestrutura física e a gestão de pessoal.

A ênfase na **segurança das instalações policiais** destaca a necessidade de proporcionar um ambiente seguro para os policiais e a população, incluindo a manutenção adequada das estruturas atuais, a construção de novas instalações quando necessário e a implementação de medidas de segurança para a proteção de todos os envolvidos.

No que tange ao quadro de servidores, a legislação ressalta a necessidade de uma **força de trabalho bem dimensionada e estrategicamente alocada**, levando em consideração a demografia e a carga de trabalho, para assegurar uma força policial preparada e suficiente. Isso inclui o planejamento para aposentadorias iminentes, a possibilidade de transferências voluntárias e a realização de concursos para ingresso, buscando sempre um equilíbrio entre as demandas locais e a disponibilidade de servidores.

O propósito supremo é fornecer um **serviço eficiente** ao cidadão, uma obrigação essencial do Estado. A eficiência aqui é vista não apenas como um objetivo operacional, mas como um princípio norteador da relação entre a polícia e a comunidade.

DO FUNDO ESPECIAL DA POLÍCIA CIVIL

> *Art. 37. O ente federativo pode criar o Fundo Especial da Polícia Civil, destinado preferencialmente a valorização remuneratória dos policiais civis, bem como a investimentos com aparelhamento, infraestrutura, tecnologia, capacitação e modernização da instituição, entre outros.*

Este dispositivo normativo faculta aos entes federativos — estados e o Distrito Federal — a instituição de um Fundo Especial dedicado à Polícia Civil, refletindo a intenção legislativa de canalizar recursos para a valorização e formação dos agentes desta força, bem como para o desenvolvimento da infraestrutura e melhoria dos serviços prestados à comunidade.

Embora o artigo mencione uma gama de possíveis investimentos, ele destaca, em primeiro plano, a importância da **remuneração justa** para os policiais civis, entendendo que uma compensação adequada é essencial para atrair e manter talentos, servindo ainda como motivação para o comprometimento e a excelência no exercício de suas funções.

A **dedicação exclusiva** é uma exigência para a função, com a exceção feita apenas para o setor educacional. A interpretação do termo "pode" neste contexto legal, particularmente em relação a serviços públicos fundamentais e permanentes, deve ser guiada pela doutrina de Celso Antônio Bandeira de Mello sobre o limite da discricionariedade e a obrigação administrativa. Portanto, quando a lei confere à administração pública a opção de atuar ou não (a discricionariedade), tal decisão deve ser sempre pautada pelo interesse coletivo.

Assim, situações em que a falta de ação resulte em prejuízo ao bem público ou na violação de princípios administrativos, tal liberdade deve ser entendida como um mandato.

Logo, diante do risco de infração aos princípios da administração pública, como a improbidade, que prejudicam a ordem pública e a salvaguarda dos direitos fundamentais protegidos pela Constituição, a faculdade prevista no artigo 37 deve ser vista como um imperativo dever do Estado, ou seja, um **poder-dever de estabelecer o referido Fundo Especial para a Polícia Civil**.

DA TRANSIÇÃO AO CARGO DE OFICIAL INVESTIGADOR – PARCIALMENTE VETADO

> *Art. 38. Na criação do cargo de oficial investigador de polícia, os cargos efetivos atualmente existentes na estrutura da polícia civil serão transformados, renomeados ou aproveitados nos termos da lei do respectivo ente federativo, respeitadas a*

similitude e a equivalência de atribuições nas suas atividades funcionais.

A LONPC prevê, em seu artigo 19 a criação do cargo de Oficial Investigador na estrutura da Polícia Civil, cargo esse que aglutinará sob a mesma epígrafe funções que atualmente estão dispersas em duas ou mais carreiras.

O artigo 38 foi parcialmente vetado, mantido o "caput" e com veto em todos os seus seis parágrafos. Esse artigo em sua redação original visava justamente regular o aproveitamento de agentes, ainda lotados em cargos anteriores, que são parcelas da atribuição do novo cargo, nos seguintes termos:

O "caput" foi integralmente mantido, de forma que tal medida visa simplificar a estrutura de cargos, que por vezes pode tornar-se um empecilho para a eficácia das investigações, devido à segmentação excessiva das funções. A reorganização proposta pretende conferir mais agilidade e foco às operações de investigação, melhorando a capacidade de resposta da corporação frente aos delitos.

Por exemplo, considerando a estrutura da Polícia Civil no Estado de São Paulo, onde se verifica uma diversidade de cargos com atribuições específicas, a consolidação em um único cargo de oficial investigador pode facilitar o fluxo de trabalho e a cooperação interna. Esta unificação de funções visa aproveitar as competências dos servidores de maneira mais eficiente, adaptando-se às exigências multifacetadas da segurança pública contemporânea.

O artigo também garante a preservação dos direitos dos servidores, ao estipular que os cargos atuais sejam adaptados, renomeados ou realocados, sem que haja prejuízos em suas funções ou remuneração. Essa transição será regida pelas leis específicas de cada ente federativo, assegurando a manutenção da equivalência entre as responsabilidades e os benefícios dos cargos, em conformidade com os princípios de justiça e legalidade.

A ênfase na "similitude" e "equivalência" de atribuições assegura uma transição justa e proporcional, evitando qualquer forma de injustiça ou prejuízo aos servidores, e garantindo a observância dos princípios constitucionais, em especial o do concurso público. A reformulação proposta pelo artigo 38 é um reflexo do esforço de modernização da Polícia Civil, buscando adaptar a instituição às novas demandas e desafios do cenário atual de segurança pública, priorizando a formação de um corpo policial altamente qualificado e preparado para os complexos desafios do crime moderno. Sobre atribuições e exigências do cargo em comento, remetemos o leitor aos artigos 19, 20 e 27 e seus correlatos comentários.

Fora o "caput" do artigo 38, todos os seus seis parágrafos foram vetados pelo Presidente da República, todavia, esses parágrafos serão comentados na integralidade do texto votado pelo Congresso Nacional, posto servirem para novas proposições em leis próprias do ente federativo ou futuros projetos no âmbito da União. Como razões do veto fundamentou-se na contrariedade ao interesse público, invasão de competências da União nos demais entes federativos e à vedação de transposição de cargo previsto na Súmula Vinculante 43 do STF. Todavia, os dispositivos serão comentados, pois servem de repertório à futuras reflexões institucionais e projetos legislativos, razão pela qual, fora a realidade do veto, os parágrafos vetados serão abortados em sua redação original oriunda do Congresso Nacional.

O legislador, atento à repartição de competências, respeitou o âmbito de atuação dos entes federados quanto ao aproveitamento de antigos cargos no novo cargo de Oficial Investigador, vejamos o que diz o seu VETADO parágrafo primeiro, do artigo 38, na redação legislativa:

> *§ 1º Os atuais cargos podem ser renomeados com a nova nomenclatura de oficial investigador de polícia, nos termos da lei do respectivo ente federativo, quando não for aplicável o disposto no "caput" deste artigo, por similitude de função e com as devidas aglutinações das atribuições dos cargos de acordo com a conveniência e oportunidade da administração pública.* ***(Vetado)***

Este parágrafo foi alvo do veto presidencial e, em sua redação original, estabelece diretrizes para a atualização de cargos para a designação de oficial investigador de polícia, oferecendo uma solução flexível para casos em que a conversão direta proposta no artigo principal não é viável devido à ausência de correspondência funcional direta entre os cargos antigos e o novo perfil.

A legislação prevê, portanto, a possibilidade de renomear cargos existentes dentro da Polícia Civil, adaptando-os à nova denominação, conforme as leis específicas de cada estado ou do Distrito Federal. Este processo de renomeação visa incorporar as funções que se alinham com as responsabilidades do oficial investigador de polícia, sem necessariamente criar novos postos ou alterar a estrutura organizacional existente.

Ao facultar a "**aglutinação de atribuições**", o texto legal permite a consolidação de diversas tarefas e responsabilidades sob o título unificado de oficial investigador de polícia, promovendo a eficiência operacional e uma maior coesão nas atividades de investigação. Essa abordagem pragmática visa simplificar e fortalecer o papel investigativo, evitando a dispersão de esforços e a duplicidade de funções.

A menção à "**conveniência e oportunidade da administração pública**" sublinha a importância de uma gestão flexível e adaptativa, capacitando as autoridades a reorganizarem seus quadros de pessoal de acordo com as demandas operacionais e os objetivos estratégicos da instituição policial. Essa disposição destaca a autonomia da administração para tomar decisões estratégicas sobre a reestruturação dos cargos, sempre com o foco na melhoria da capacidade institucional de responder de forma eficaz aos desafios contemporâneos da segurança pública.

Dessa forma, o §1º do artigo 38 provê um mecanismo adaptativo para a realocação de funções dentro da Polícia Civil, assegurando que a transição para a figura do oficial investigador de polícia seja realizada de maneira fluida e alinhada às necessidades práticas e estruturais da instituição, garantindo a continuidade e a eficácia do serviço policial no contexto das suas prerrogativas investigativas.

Na mesma linha, preservando direitos e questões pessoais dos servidores, o VETADO parágrafo segundo, do artigo 38 da LONPC, apresenta opção aos antigos detentores de cargos, frente ao novo cargo, *in verbis*:

> *§ 2º. Aplicado o disposto no § 1º deste artigo, os atuais servidores podem fazer opção, em caráter irreversível, de permanecer no seu cargo com sua nomenclatura atual, exercendo as atribuições de seu provimento originário, devendo se manifestar por escrito ao órgão responsável no prazo de 90 (noventa) dias, contado da data de publicação da lei do respectivo ente federativo.* ***(Vetado)***

O § 2º, do artigo 38, da proposta legislativa para a Lei Orgânica Nacional da Polícia Civil foi vetado, todavia, seu texto original introduz uma medida que permite aos servidores em exercício a **possibilidade de optar pela manutenção de seus cargos atuais**, sem serem automaticamente convertidos para a nova denominação de oficial investigador de polícia.

Este dispositivo legal reconhece e resguarda o direito dos funcionários de escolherem se desejam ou não adotar a nova classificação profissional, conferindo-lhes a autonomia para decidir sobre sua trajetória na instituição.

A natureza "**irreversível**" dessa escolha destaca a seriedade e a permanência da decisão, sublinhando que uma vez tomada, não haverá possibilidade de revertê-la no futuro. Esta estipulação visa proporcionar estabilidade e previsibilidade tanto para os servidores quanto para a administração da Polícia Civil, facilitando o planejamento organizacional e a gestão de recursos humanos de forma eficaz.

Para concretizar essa opção, é exigido que o servidor **manifeste sua decisão de forma escrita** ao órgão competente, dentro de um período definido de 90 dias a contar da promulgação da lei pelo ente federativo pertinente. Essa formalidade assegura que o processo seja documentado e oficial, garantindo que todas as partes tenham clareza quanto às decisões individuais dos servidores e permitindo uma transição ordenada para a nova estrutura proposta.

O **prazo estabelecido de 90 dias** para essa manifestação é uma medida que busca equilibrar a necessidade de uma transição cuidadosa e considerada com a eficiência administrativa, permitindo que a instituição adapte suas práticas e seu quadro de pessoal às novas disposições legais de maneira organizada e previsível.

Dessa forma, o § 2º do artigo 38 introduz um **elemento de flexibilidade e respeito** pela carreira dos servidores existentes, ao mesmo tempo em que facilita a implementação da nova estrutura de cargos dentro da Polícia Civil, promovendo uma gestão de pessoal que é ao mesmo tempo responsiva às necessidades dos funcionários e alinhada com os objetivos estratégicos da instituição.

As regras de transição ao novo cargo de Oficial investigador contemplas, inclusive, os servidores aposentados no VETADO parágrafo terceiro, do art. 38 da LONCP, ao dispor que:

> *§3º Se aplicado o disposto no caput ou no § 1º deste artigo, os policiais civis aposentados devem ter seus cargos renomeados, redesignados e enquadrados no cargo de oficial investigador de polícia, preservados seus direitos previdenciários e os dos respectivos pensionistas.* ***(Vetado)***

O dispositivo estipula que, na eventualidade de se efetivar a reorganização dos cargos para a designação de oficial investigador de polícia, conforme delineado no caput e no § 1º deste artigo, tal alteração se estenderá igualmente aos quadros dos **policiais civis já aposentados.**

Neste contexto, a legislação prevê a **adequação dos títulos dos cargos nos registros dos policiais aposentados** para refletir a nova nomenclatura, assegurando a uniformidade e a consistência na designação dos cargos dentro da corporação, mesmo em retrospecto.

Importante destacar que, embora os policiais aposentados tenham a possibilidade de alinhar a denominação de seus cargos à nova estrutura, tal ajuste deve ser feito respeitando a **autonomia e a decisão pessoal** de cada um, sem imposições. Assim, a transição para a nova designação de cargo é facultativa e deve ser expressamente indicada pelo policial aposentado, não sendo automaticamente aplicada.

Esta cláusula ressalta ainda que a adaptação do título do cargo **não implicará em alterações nos direitos previdenciários adquiridos** pelo policial civil aposentado ou pelos seus pensionistas. Essa garantia sublinha o compromisso do legislador em preservar os benefícios e direitos previdenciários conquistados, assegurando que a reestruturação dos cargos não prejudique as condições financeiras ou os direitos legalmente estabelecidos desses profissionais e de seus dependentes.

Portanto, esse parágrafo manifesta uma preocupação em resguardar os direitos dos policiais aposentados frente às mudanças institucionais, promovendo a atualização dos títulos de seus cargos de forma opcional e segura, sem comprometer os benefícios previdenciários já assegurados, consolidando a proteção e o respeito aos profissionais que dedicaram anos de serviço à instituição policial civil.

A LONPC foi bem exaustiva no detalhamento estrutural do cargo de Oficial Investigador, tanto que fez menção expressa aos cargos extintos ou em vias de extinção, vejamos o VETADO parágrafo quarto:

> *§ 4º Os cargos de natureza policial civil já extintos ou em extinção por lei do ente federativo anterior a esta Lei serão aproveitados, reenquadrados, redistribuídos ou renomeados no cargo de oficial investigador de polícia nos termos da lei do respectivo ente federativo, por similitude de função e com as devidas aglutinações das atribuições dos cargos, de acordo com a conveniência e oportunidade da administração pública, observados os princípios da evolução e da modernização legislativa.* ***(Vetado)***

O VETADO §4º, do art. 38, trata da integração de cargos policiais civis anteriormente extintos ou em processo de extinção, em linha com as disposições anteriores desta legislação. Este dispositivo visa a inclusão destes cargos na estrutura renovada, possibilitando sua readequação, redistribuição ou renomeação para o cargo de oficial investigador de polícia, conforme as necessidades e diretrizes estabelecidas pelo respectivo ente federativo.

Esta seção destaca a importância de uma transição organizada e sistemática para a nova estrutura de cargos proposta, enfocando a reutilização de posições que foram descontinuadas ou estão em vias de ser. A norma sugere uma abordagem pragmática e adaptável para incorporar esses cargos ao novo modelo, através de uma avaliação cuidadosa de suas funções e responsabilidades originais e como elas podem ser alinhadas ou consolidadas sob a denominação de oficial investigador de polícia.

Ao mencionar a necessidade de alinhamento com "similitude de função" e a possibilidade de "aglutinações das atribuições dos cargos", o legislador aponta para uma estratégia de otimização e eficiência, visando a simplificação da estrutura organizacional e a maximização da eficácia operacional dentro da polícia civil. Isso reflete um esforço para harmonizar e atualizar a estrutura de cargos, mantendo a coerência com as funções essenciais da polícia civil e evitando redundâncias.

A expressão "conveniência e oportunidade da administração pública" sublinha a autonomia administrativa para determinar o momento e a forma como essas mudanças devem ser implementadas, garantindo que sejam feitas de forma estratégica e alinhadas com os objetivos gerais de modernização e aperfeiçoamento da força policial.

Finalmente, a referência aos "princípios da evolução e da modernização legislativa" reforça o entendimento de que a atualização da polícia civil é um processo contínuo, que deve estar em sintonia com as mudanças sociais, tecnológicas e operacionais, para que a instituição permaneça efetiva e relevante diante dos desafios contemporâneos de segurança pública.

Portanto, o § 4º do Artigo 38 apresenta uma abordagem inclusiva e progressista para a gestão de cargos dentro da polícia civil, enfatizando a flexibilidade, a eficiência e a adaptabilidade como pilares para uma transição suave para a nova estrutura organizacional proposta pela Lei Orgânica da Polícia Civil.

DA TRANSIÇÃO AO CARGO DE PERITO OFICIAL CRIMINAL – VETADO

No âmbito da perícia criminal a LONPC criou a possibilidade de aglutinação das diversas carreiras que compõe a perícia no cargo sob a epigrafe de Perito Oficial Criminal, no artigo 19, entretanto, o VETADO parágrafo 5º, do artigo 38, faz um necessário detalhamento quanto ao momento de instituir esse novo cargo na estrutura da Polícia Civil, vejamos:

> *§ 5º Os cargos técnico-científicos que realizem perícias de natureza criminal atualmente existentes na estrutura das polícias civis serão transformados, renomeados ou aproveitados no cargo de perito oficial criminal no órgão central de perícia oficial de natureza criminal nos termos da lei do respectivo ente federativo, conforme a conveniência e oportunidade, respeitadas a similitude de atribuições e equivalência de funções entre os cargos respectivos.* ***(Vetado)***

Conforme dito, o dispositivo enfoca a integração dos cargos técnico-científicos, especificamente aqueles envolvidos em perícias criminais, dentro da estrutura das polícias civis. A disposição determina que esses cargos sejam atualizados, passando a integrar a categoria de "**perito oficial criminal**" dentro do órgão central responsável por perícias de natureza criminal. Todavia, a implementação dessa medida está **subordinada à legislação de cada ente federativo**, seja estado ou Distrito Federal, enfatizando a necessidade de adaptar essa transição às particularidades e exigências locais.

Este ajuste organizacional visa a otimização e a especialização dos serviços de perícia criminal, reconhecendo sua importância crítica na investigação e elucidação de delitos. A menção à "conveniência e oportunidade" sugere que a reconfiguração desses cargos deve ser realizada com consideração pela eficácia operacional e as demandas contextuais da perícia criminal, oferecendo a flexibilidade necessária para se adaptar às dinâmicas variáveis da área.

Ademais, o parágrafo estipula que a reestruturação desses cargos deve respeitar a equivalência de funções e a similaridade das atribuições entre os cargos em questão. Isso implica que, ao redefinir ou renomear esses cargos como "perito oficial criminal", é imperativo que as responsabilidades e competências intrínsecas aos papéis originais sejam mantidas ou adequadamente alinhadas. Tal abordagem assegura a continuidade da expertise técnica e a valorização da especialização requerida para a condução de perícias criminais efetivas.

Essencialmente, este dispositivo legislativo reflete um compromisso com a evolução e a eficiência da função pericial dentro da Polícia Civil, garantindo que os profissionais incumbidos dessas tarefas críticas possam prosseguir em seus papéis com a devida capacitação e reconhecimento, sob a nova denominação e estrutura. Ao mesmo tempo, sugere a aplicação dos princípios de escolha, tratamento de cargos extintos ou em vias de extinção, e a situação de policiais aposentados, em consonância com as disposições gerais desta Lei Orgânica, em tudo que não contrarie as normativas específicas de cada ente federativo para os cargos técnico-científicos.

INAPLICABILIDADE DA REFORMA FUNCIONAL AO CARGO DE DELEGADO DE POLÍCIA – VETADO

A LONPC reconhecendo a complexidade de atribuições, responsabilidades e comando institucional destinados ao cargo de Delegado de Polícia deixou de maneira expressa, em seu VETADO parágrafo sexto, do art. 38, que "**o disposto neste artigo não se aplica ao cargo de delegado de polícia**".

Esta exclusão é crucial e define os limites das alterações institucionais propostas, mantendo intacto um papel fundamental na hierarquia policial. O delegado de polícia desempenha funções vitais na coordenação das atividades investigativas e na interação com o judiciário, conforme delineado na Constituição Federal e reforçado pela legislação complementar.

Segundo o artigo 144, §4º, da Constituição Federal, Delegados comandam a Polícia Civil e, conforme leis nacionais têm responsabilidades que incluem a supervisão de investigações, a tomada de decisões jurídicas importantes (Lei 12.830/13) e, conforme leis dos respectivos entes federativos, possuem a liderança dentro das delegacias também em aspectos administrativos quanto ao controle de recursos humanos, materiais, patrimônio, frota, planejamento estratégico institucional, entre outros.

Esta decisão legislativa de excluir o cargo de delegado das mudanças propostas visa proteger a integridade e a continuidade das funções de comando essenciais para a eficácia da Polícia Civil, assegurando a manutenção da ordem e da disciplina organizacional.

DA NECESSIDADE DE LEI ESPECÍFICA PARA AS ATIVIDADES PERICIAIS

> *Art. 39. A estrutura de cargos e as respectivas atribuições relativas à atividade pericial oficial prevista no inciso IV do caput do art. 6º desta Lei e relacionadas às unidades técnico-científicas da polícia civil, observada a lei federal que estabelece normas gerais para as perícias oficiais de natureza criminal, serão definidas em lei específica, aplicadas as normas gerais desta Lei no que couber, sem prejuízo do disposto nas legislações vigentes dos entes federativos que disponham sobre organização dos serviços de perícias oficiais.*

O artigo 39 reconhece que a complexidade de atribuições e diferentes realidades da atividade pericial, que podem ser desempenhadas dentro ou fora da estrutura da Polícia Civil, necessita de detalhamento específico em lei, assim, em que pese as referências contidas nesta LONPC, justamente em razão de especificidades locais, é reconhecida a competência de lei federal específica e de legislações próprias dos entes federativos para regular a atividade pericial, desde que respeitadas as normas gerais da lei orgânica. Vejamos:

Nesse sentido, o Artigo 39 da Lei Orgânica Nacional da Polícia Civil delimita as diretrizes para a configuração dos cargos e funções específicas à atividade pericial, uma área vital para a elucidação de crimes dentro do escopo da Polícia Civil.

Este artigo sublinha a prerrogativa de estruturar tal atividade pericial por meio de legislação especial, assegurando que as práticas e os procedimentos periciais estejam em consonância com as normativas federais que regem as perícias oficiais criminais.

Ao vincular-se ao inciso IV do artigo 6º, que confere à Polícia Civil a competência para executar perícias, o artigo 39 propõe uma flexibilidade organizacional, permitindo que as atividades periciais possam ser atribuídas a entidades especializadas, desde que tais arranjos respeitem os princípios e as diretrizes estabelecidas na Lei Orgânica, incluindo a supervisão das investigações pelos Delegados e a observância da cadeia de custódia.

Este enfoque garante a integração e a eficácia dos serviços periciais, promovendo a padronização e a excelência técnica em âmbito nacional, ao mesmo tempo que preserva a autonomia dos estados e do Distrito Federal em organizar tais serviços conforme as especificidades locais.

A abordagem ressalta a importância de uma estrutura pericial bem definida e regulada para a funcionalidade e a eficiência da justiça criminal, mantendo a compatibilidade com as disposições vigentes em cada ente federativo e com as diretrizes mais amplas da Lei Orgânica.

DA PROIBIÇÃO DA CUSTÓDIA DE PRESOS E ADOLESCENTES PELA POLÍCIA CIVIL

> *Art. 40. Fica vedada a custódia de preso e de adolescente infrator, ainda que em caráter provisório, em dependências de*

> *prédios e unidades das polícias civis, salvo interesse fundamentado na investigação policial.*

Clamor antigo da instituição, que absorve recursos da Polícia Civil, deixando a investigação deficitária, está na custódia de presos e adolescentes. Tarefa que, diante do novo texto constitucional, se afigura estranha à Polícia Judiciária. O artigo 40 da LONPC decidiu colocar termo à tal atividade inconstitucional, nos seguintes termos:

Assim, o artigo 40 da Lei Orgânica Nacional da Polícia Civil veda expressamente a detenção de presos e adolescentes infratores nas instalações policiais civis, exceto quando tal medida se justifique por razões estritamente relacionadas às necessidades investigativas.

Esta disposição normativa visa a desvincular as atividades de investigação policial das funções de detenção prolongada, reconhecendo a importância de dedicar as instalações e os recursos da Polícia Civil exclusivamente às operações de investigação e à manutenção da ordem pública.

A ressalva prevista para "**interesse fundamentado na investigação policial**" introduz uma exceção criteriosa e pontual, permitindo a retenção temporária de indivíduos nas dependências policiais em situações onde isso se mostre imprescindível para a elucidação de crimes ou para a realização de procedimentos investigativos específicos, como reconhecimentos pessoais, exames forenses imediatos, ou outras diligências que exijam a presença do detido no âmbito da unidade policial.

Esta norma está em consonância com os princípios constitucionais de separação de funções dentro do sistema de justiça criminal, reforçando a especialização das instituições e evitando a sobrecarga operacional e infraestrutural nas delegacias. Além disso, ela respeita as diretrizes estabelecidas pela Constituição Federal, que em seu artigo 144, inciso VI, parágrafo 5º-A, delineia a função da **Polícia Penal**, separando claramente as responsabilidades de custódia dos presos das atividades de polícia judiciária.

Desse modo o dispositivo reafirma o compromisso da Lei Orgânica com a eficiência das investigações policiais, a adequada gestão de recursos e o respeito aos direitos dos indivíduos sob custódia temporária, assegurando que as delegacias de polícia civil não se convertam em unidades de detenção de longa permanência, em respeito aos princípios constitucionais e às normas de direitos humanos.

DA VALORIZAÇÃO DO POLICIAL CIVIL NA LIDERANÇA INSTITUCIONAL

Objetivando conferir caráter técnico às funções de gestão, reduzindo a ingerência política na Polícia Civil o artigo 41 da LONPC determina que "**as funções gratificadas de assessoramento e de chefia da polícia civil são privativas de policiais civis**".

Com esse objetivo, ficou estipulado que posições com gratificações adicionais por funções de liderança e consultoria dentro da Polícia Civil devem ser ocupadas exclusivamente por integrantes ativos do corpo policial. Essa determinação visa preservar a integridade e a continuidade da cultura organizacional, assegurando que aqueles em postos de comando e assessoria tenham conhecimento prático e experiência direta na área operacional.

Tal exigência busca reforçar a capacidade institucional e a eficácia operacional, promovendo lideranças que compreendam profundamente as nuances e os desafios da atividade policial.

A exclusividade atribuída aos membros da carreira na ocupação de cargos de chefia e assessoramento tem o intuito de salvaguardar os princípios da polícia civil, incentivando a progressão de carreira com base na meritocracia e na experiência adquirida em serviço. Isso não apenas honra o compromisso com a valorização profissional dos policiais civis, mas também garante que as decisões administrativas e estratégicas sejam tomadas por aqueles com um entendimento completo do contexto operacional e legal em que a Polícia Civil opera.

Ademais, ao designar tais funções como atividades policiais, a legislação reconhece a necessidade de manter os direitos e prerrogativas associados à profissão, incluindo questões relacionadas à segurança pessoal, à saúde ocupacional e ao reconhecimento profissional. Isso implica que as responsabilidades administrativas e de assessoramento não devem desviar-se dos princípios fundamentais da carreira policial, assegurando que os policiais em tais funções continuem a contribuir significativamente para os objetivos e missões da instituição, mantendo seus direitos à progressão, reconhecimento e benefícios condizentes com o risco e a complexidade de suas funções.

DA COMPETÊNCIA DO DF NA ORGANIZAÇÃO INSTITUCIONAL – VETADO

A Lei Orgânica Nacional da Polícia Civil, em sua redação legislativa, no VETADO art. 42, delineia as diretrizes para a organização e funcionamento da Polícia Civil no Distrito Federal, ancorando-se em preceitos constitucionais e em legislações preexistentes. Neste sentido:

> *Art. 42. As normas gerais relativas à organização básica institucional e aos cargos da Polícia Civil do Distrito Federal, nos termos do inciso XIV do caput do art. 21 da Constituição Federal, são estabelecidas nas Leis nºs 14.162, de 2 de junho de 2021, 9.264, de 7 de fevereiro de 1996, e 4.878, de 3 de dezembro de 1965, e cabe ao Distrito Federal regulamentá-las e legislar sobre normas específicas e suplementares a respeito de prerrogativas, vedações, garantias, direitos e deveres da polícia*

civil, nos termos do inciso XVI do caput e §§ 1º, 2º e 3º do art. 24 e do § 1º do art. 32 da Constituição Federal. ***(Vetado)***

Este artigo demarca a estrutura normativa sob a qual a Polícia Civil do Distrito Federal deve operar, referenciando especificamente as Leis números 14.162 de 2021[1], 9.264 de 1996[2], e 4.878 de 1965[3], as quais estabelecem o arcabouço legal para a atuação da instituição dentro do Distrito Federal.

A normativa ressalta o papel do Distrito Federal na regulamentação e na legislação de aspectos específicos e complementares ligados às prerrogativas, proibições, garantias, direitos e obrigações da Polícia Civil, sublinhando a necessidade de conformidade com os princípios estabelecidos na Constituição Federal. Esse enquadramento legal respeita a autonomia do Distrito Federal, concedida pelos artigos 21, inciso XIV (confere à União a competência para organizar e manter a polícia civil, a polícia militar e o corpo de bombeiros militar do Distrito Federal, bem como prestar assistência financeira ao Distrito Federal para a execução de serviços públicos, por meio de fundo próprio); 24, inciso XVI, e seus parágrafos (que em resumo trata da competência concorrente da União, dos Estados e do Distrito Federal

1. Lei nº 14.162, de 2 de junho de 2021: Dispõe sobre a organização básica da Polícia Civil do Distrito Federal, prevendo o organograma básico, entre outros assuntos.
2. Lei nº 9.264, de 7 de fevereiro de 1996: Regula a reorganização das carreiras dos servidores da Polícia Federal, estabelecendo normas para ingresso, remuneração, progressão e outras questões relacionadas à carreira. Embora se aplique à Polícia Federal, suas disposições são relevantes para entender a estrutura de carreiras e a organização dentro das forças de segurança pública, incluindo analogias que podem ser feitas com a Polícia Civil do Distrito Federal.
3. Lei nº 4.878, de 3 de dezembro de 1965: Esta lei dispõe sobre o regime jurídico peculiar dos funcionários policiais civis da União e do Distrito Federal. Ela trata de assuntos como direitos, deveres, remoção, licenças, regime disciplinar, entre outros aspectos da carreira policial civil.

para legislar sobre as questões específicas, incluindo a organização, garantias, direitos e deveres das polícias civis. Os parágrafos desse artigo detalham como deve ser a legislação nessas áreas de competência concorrente, indicando que a União estabelece normas gerais, enquanto os Estados e o Distrito Federal têm a competência para suplementar essas normas com legislações específicas), bem como pelo art. 32, §1º (dispõe sobre a organização do Distrito Federal, equiparando-o aos Estados e Municípios em termos de autonomia, mas ressalvando que a segurança pública será exercida pelas polícias civil e militar e pelo corpo de bombeiros militar, conforme o artigo 21, XIV), todos da Constituição Federal, garantindo que as peculiaridades locais sejam consideradas na aplicação e na interpretação das normas que regem a Polícia Civil.

Ao estabelecer uma conexão direta com as leis específicas e com a Constituição, o artigo 42 enfatiza a importância de uma base legal sólida e coerente, assegurando que as disposições relativas à Polícia Civil do Distrito Federal sejam integradas de forma a promover a eficiência, a eficácia e a justiça dentro do quadro mais amplo da segurança pública.

Tal articulação normativa serve não apenas como um guia para a operacionalização da Polícia Civil do Distrito Federal, mas também como um mecanismo para assegurar que as práticas e procedimentos adotados estejam alinhados com os valores fundamentais da justiça e do direito, conforme estabelecido na legislação nacional e na Carta Magna.

As razões do veto, novamente se escoram em formulas e preceitos abertos, como a contrariedade ao interesse público ao conferir contagem de tempo de serviço para atividades exercidas em outros órgãos extrapoliciais.

A LONPC ao expressamente respeitar o campo de atuação das normas distritais para organização da PCDF não o fez de maneira irrestrita, ao contrário, estabeleceu que direitos, garantias e prerrogativas da Polícia Civil do DF devem observar os critérios estabelecidos pela LONPC, sem prejuízo de outras fontes normativas, entretanto, em que pese o cuidado legislativo quanto à repartição de competência legislativa, o dispositivo foi VETADO justamente por este fundamento: desrespeito a normas de competência.

Entretanto, o dispositivo será abordado, para fins reflexivos e de interesse institucional. Nestes termos:

> *Art. 42. Parágrafo único. Aplicam-se à instituição de que trata o caput deste artigo as normas desta Lei que versam sobre direitos, garantias e prerrogativas da polícia civil, sem prejuízo de outras previstas em leis e regulamentos.*
>
> ***(Vetado)***

Assim, fica destacada a aplicabilidade integral das disposições da referida lei às questões relacionadas aos direitos, garantias e prerrogativas da Polícia Civil, inclusive no que tange à instituição no Distrito Federal.

Este segmento normativo sublinha a importância de garantir que os membros da Polícia Civil do Distrito Federal sejam amparados pelas mesmas normas que regem as Polícias Civis nos outros estados, estabelecendo um piso de direitos e benefícios que não pode ser rebaixado, embora possa ser expandido por meio de legislações locais adicionais.

Portanto, este parágrafo serve como um mecanismo de salvaguarda, assegurando que as prerrogativas fundamentais da função policial civil não sejam diminuídas, ao mesmo tempo que se permite a adoção de regulamentações suplementares que possam aprimorar ou expandir tais direitos e garantias no âmbito do Distrito Federal, em conformidade com as especificidades e necessidades locais.

DEFINIÇÃO DE "CARGO DE NATUREZA ESTRITAMENTE POLICIAL" – VETADO

Um dos momentos mais cruciais na vida funcional do servidor policial civil está relacionado à contagem de tempo para fins de reconhecimento de direitos, tais como evolução na carreira e aposentadoria, todavia, essa contagem, por vezes, era interrompida, sob o argumento de que o policial fora cedido para exercer funções em órgãos e atividades extrapoliciais, inclusive quando estava em plena representação da categoria, punindo o servidor que, muitas vezes à pedido da Administração Superior ou pelo sufrágio classista, fora cedido para exercer funções de apoio e assessoria em outras esferas de interesse institucional.

O artigo 43 da LONPC foi VETADO. Seu texto original visava corrigir uma injustiça, evitando que a definição de cargo de natureza estritamente policial se sujeite ao arbítrio de terceiros. Desse modo, ficou definido:

> *Art. 43. Considera-se exercício em cargo de natureza estritamente policial toda atividade que o policial civil realize nos órgãos que compõem a estrutura orgânica da polícia civil ou no exercício de mandato classista, bem como toda atividade que venha a exercer, no interesse da segurança pública ou institucional, em outro órgão da administração pública de Município, de Estado, do Distrito Federal, de Território ou da União, mantidos seus direitos, garantias e prerrogativas funcionais.* ***(Vetado)***

Esse artigo assegura que qualquer atividade desenvolvida por estes profissionais, seja dentro da estrutura da Polícia Civil ou em outros órgãos públicos, em prol da segurança pública ou de interesses institucionais, seja considerada como de natureza policial. O reconhecimento se estende também aos policiais civis que desempenham funções em áreas de apoio administrativo, técnico ou especializado dentro da própria instituição policial, assim como àqueles que são designados para atuar em outras esferas da administração pública, seja em nível municipal, estadual, distrital, territorial ou federal.

Assim, busca-se remediar uma lacuna anterior, onde policiais civis afastados de suas funções típicas de policiamento e investigação para assumir tarefas em outros setores ou órgãos não tinham suas atividades reconhecidas como parte do exercício policial, resultando muitas vezes na perda de direitos e prerrogativas específicas da carreira policial. Inclui-se também a proteção aos direitos dos policiais civis eleitos para mandatos classistas, assegurando que esses períodos sejam igualmente considerados como exercício na função policial.

Com essa abordagem inclusiva, o artigo visa garantir que os policiais civis mantenham seus direitos, garantias e prerrogativas funcionais, independentemente do local ou da natureza específica de suas atividades, desde que estas estejam vinculadas aos objetivos da segurança pública ou ao suporte institucional.

DO CONSELHO NACIONAL DA POLÍCIA CIVIL – PARCIALMENTE VETADO

> *Art. 44. Fica instituído o Conselho Nacional da Polícia Civil, com competência consultiva e deliberativa sobre as políticas públicas institucionais de padronização e intercâmbio nas áreas de competências constitucionais e legais das polícias civis.*

Tomando-se como referência as importantes intervenções administrativas de outros conselhos, foi proposto pela LONPC a criação de órgão colegiado denominado Conselho Nacional da Polícia Civil (CNPC), nos seguintes termos:

Trata-se de medida inovadora que coloca em prática um órgão com capacidades tanto consultivas quanto decisórias em relação às políticas institucionais.

Sua missão é harmonizar e fomentar o intercâmbio de práticas entre as unidades da Polícia Civil em todo o Brasil, assegurando uma abordagem padronizada e alinhada às normativas constitucionais e legais que regem estas forças de segurança.

Ao considerar o papel e o escopo do CNPC, percebe-se uma clara inspiração nos modelos já estabelecidos por instituições como o Conselho Nacional de Justiça (CNJ) e o Conselho Nacional do Ministério Público (CNMP), que funcionam como órgãos de coordenação e supervisão dentro de suas respectivas esferas.

A formação do CNPC é um passo fundamental na direção de uma gestão mais integrada e estratégica das Polícias Civis, propondo-se a ser um fórum para o diálogo, a normatização e o estabelecimento de práticas exemplares em nível nacional. Sua atuação visa não apenas a uniformização procedimental, mas também a promoção de uma cultura de intercâmbio e colaboração entre as diferentes forças policiais do país, reforçando assim a coesão e a eficácia do sistema de segurança pública como um todo.

Além disso, o CNPC tem o potencial de atuar como um baluarte na proteção da autonomia e da integridade das atividades policiais contra influências externas indevidas, garantindo que a Polícia Civil mantenha sua essencialidade e seu foco na justiça e na legalidade.

Objetivando permitir a exequibilidade da proposição legal, a LONPC determina no artigo 44, em seu parágrafo primeiro, que o "**Conselho Nacional da Polícia Civil deve ter sua composição e regimento definidos em decreto específico**".

O dispositivo estipula que a estruturação e a normatização do Conselho Nacional da Polícia Civil (CNPC) sejam formalizadas através de um decreto específico. Isso indica que a configuração detalhada e o funcionamento do CNPC serão delineados em um documento oficial, que determinará a representatividade dentro do conselho, assegurando uma ampla participação de todos os segmentos relevantes da Polícia Civil.

Este decreto é vital para estabelecer as regras que regerão as operações do CNPC, incluindo aspectos como a frequência das reuniões, os processos decisórios e os mecanismos de votação, bem como quaisquer outras regras que se façam necessárias para a gestão eficaz do conselho.

A necessidade de um decreto para definir tais questões sublinha a importância de uma regulamentação clara e precisa, que proporcione ao CNPC uma base sólida para suas atividades. Além disso, a menção à emissão de um decreto aponta para uma abordagem que permite atualizações e ajustes conforme as exigências e as circunstâncias evoluam, oferecendo assim a flexibilidade necessária para que o conselho se mantenha efetivo e alinhado com as dinâmicas da segurança pública.

Essa formalização por decreto especial reforça a seriedade e a autoridade do CNPC, estabelecendo-o como uma entidade com poderes e responsabilidades claramente definidos, com o objetivo de promover a uniformidade, a modernização e a eficácia das Polícias Civis em todo o território nacional.

Assim, o CNPC é posicionado como uma entidade chave na estrutura da segurança pública, com um papel fundamental na definição de políticas e na promoção de práticas que beneficiem a Polícia Civil e a sociedade como um todo.

Objetivando a integração e coordenação com autoridades políticas e órgãos colegiados relacionados à segurança pública, a LONPC, em seu VETADO parágrafo segundo, do artigo 44, assegurava uma série de espaços de atuação ao CNPC, vejamos:

> *§2º O Conselho Nacional da Polícia Civil tem assento e representação no Ministério da Justiça e Segurança Pública, bem como nos demais órgãos colegiados federais, estaduais e*

distrital que deliberem sobre políticas públicas da área de suas competências constitucionais e legais. ***(Vetado)***

O veto vislumbrou invasão de competência do parlamento ao definir assento do CNPC em entidades do executivo federal, todavia, por seu caráter didático, o dispositivo será abordado em sua redação original. Esse parágrafo consolida a posição do Conselho Nacional da Polícia Civil (CNPC) como um ente fundamental na articulação e na influência sobre as políticas públicas de segurança em vários níveis do governo. A garantia de assento e voz no Ministério da Justiça e Segurança Pública assegura uma participação estratégica do CNPC na concepção e implementação de diretrizes nacionais de segurança, ampliando seu escopo de ação para além dos limites institucionais da Polícia Civil.

A inclusão do CNPC nos órgãos colegiados federais, estaduais e distritais que discutem e decidem sobre questões pertinentes à segurança pública fortalece a integração e a harmonização das políticas de segurança em todo o território nacional. Isso promove uma abordagem colaborativa e informada, potencializando o impacto das decisões e assegurando que as peculiaridades e as exigências da atividade policial civil sejam devidamente contempladas nas políticas públicas.

Além disso, a representação do CNPC em diversos fóruns decisórios contribui para a construção de uma visão sistêmica e coerente das práticas de segurança, alinhando-as com os princípios de justiça e eficácia. Isso não só amplia a influência da Polícia Civil no panorama da segurança pública brasileira, mas também fomenta a troca de conhecimentos e melhores práticas entre diferentes esferas da administração pública.

Em suma, este dispositivo legal reconhece a importância da expertise e da experiência da Polícia Civil no desenvolvimento de políticas públicas de segurança, assegurando que a instituição tenha uma voz ativa e decisiva na formulação de estratégias e na tomada de decisões que afetam diretamente a segurança e o bem-estar da sociedade.

DO USO DA TECNOLOGIA NA FORMALIZAÇÃO DE ATOS E PROCEDIMENTOS POLICIAIS

> *Art. 45. Para maior celeridade e veracidade dos registros cartorários, podem ser adotadas plataformas tecnológicas para registros dos procedimentos, respeitadas as circunstâncias de atuação presencial das equipes envolvidas.*

Atualmente o Poder Judiciário já realiza audiências remotas, por meio de plataformas digitais da internet, as intimações e notificações também podem ser feitas por dispositivos eletrônicos e nas gravações dos atos judiciais são admitidos recursos audiovisuais. Neste grau de otimização tecnológica, objetivando a celeridade e veracidade dos registros, é que a LONPC pretende sejam realizadas os atos policiais cartorários. Razão do artigo 45, *in verbis*:

O artigo 45 da Lei Orgânica Nacional da Polícia Civil salienta o impulso rumo à modernização dos procedimentos cartorários por meio da integração de tecnologias digitais, com o objetivo de agilizar e assegurar a precisão dos registros. Este incentivo à digitalização reflete uma abordagem proativa para aprimorar a eficácia administrativa e operacional da Polícia Civil, favorecendo sistemas informatizados que facilitam o arquivamento, a consulta e a análise de dados. Contudo, a lei também enfatiza a manutenção do contato humano e presencial em situações onde seja indispensável, preservando a essência da prática policial.

A adoção dessas tecnologias deve estar alinhada com as normativas do Conselho Nacional de Justiça (CNJ), como a Resolução CNJ Nº 185/2013, que estabelece diretrizes para a informatização do processo judicial, e a Resolução CNJ Nº 234/2016, que trata do uso do sistema de processo judicial eletrônico, além de parecer de permissão para uso facultativo da plataforma de comunicação (WhatsApp) nos procedimentos judiciais do Jecível/Jecrim (PCA nº 0003251-94.2016.2.00.0000 do CNJ).

Além disso, o Código de Processo Penal (CPP), em seus artigos 144-A, 201, §3º, 405 e 475, regula procedimentos para o registro de atos processuais, os quais devem ser observados com aplicação de plataformas tecnológicas nos registros cartorários.

Essa transição para o digital visa não apenas a eficiência (celeridade e duração razoável), mas também a transparência e a acessibilidade dos registros policiais, garantindo a integridade e a confiabilidade das informações. Desse modo, a Polícia Civil, alinhada às diretrizes do CNJ e às disposições do CPP, avança na direção de uma gestão mais ágil e segura das informações, ao mesmo tempo em que assegura a observância das práticas presenciais vitais para a integridade da investigação e do atendimento ao cidadão.

DA RECOMPOSIÇÃO SALARIAL DO POLICIAL CIVIL

> *Art. 46. A lei do respectivo ente federativo deve dispor sobre a aplicação de data-base para recomposição salarial dos servidores da polícia civil.*

Ao longo de toda a LONPC percebe-se a preocupação com a questão remuneratório dos servidores policiais civis. No artigo 46 mais uma vez a questão é regulada, agora para tratar da data-base, isto é, uma data na qual é feito um balanço de eventual necessidade de recomposição do poder de compra do salário dos policiais, frente aos efeitos da inflação. Não se trata de aumento salarial, mas de manutenção do poder de compra, nestes termos:

O art. 46 da Lei Orgânica Nacional da Polícia Civil destaca a importância de uma política salarial justa e atualizada para os servidores da polícia civil, enfatizando a necessidade de uma data-base anual para a recomposição dos salários.

Essa disposição legal é um passo crucial para assegurar que os policiais civis tenham suas remunerações ajustadas regularmente, refletindo as variações econômicas e a inflação, garantindo assim a preservação do seu poder aquisitivo.

A distinção entre recomposição salarial e aumento de salário é essencial para compreender a intenção do legislador. A recomposição salarial não visa conceder um acréscimo real nos vencimentos, mas sim ajustar o salário existente para que o servidor mantenha sua capacidade econômica frente ao aumento dos custos de vida. Por outro lado, um aumento salarial implica um incremento real na remuneração, ampliando o leque de possibilidades financeiras do servidor.

Esta medida visa prevenir a deterioração das condições de vida dos policiais civis, permitindo que se dediquem com exclusividade à sua função, sem a necessidade de buscar atividades complementares para suprir suas necessidades financeiras.

Além disso, a implementação de uma data-base como mecanismo de ajuste salarial é um reconhecimento da valorização do servidor público e da importância da segurança pública, reforçando a estabilidade e a motivação da força de trabalho policial.

DO DIA NACIONAL DA POLÍCIA CIVIL

Visando conferir uma unidade e identidade nacional a LONPC entendeu por bem definir uma data que sirva à reflexão do passado, presente e futuro institucional, conservando valores que são próprios da essência da instituição, bem como agregando novos predicados à sua continuidade e importância para a segurança pública e justiça.

Assim, no artigo 47, foi definido que "**a polícia civil tem como dia nacional a data de 5 de abril**".

A data fixada no novel diploma não pretende invalidar datas e comemorações locais, ao contrário, ela vem somar-se como ele unificador de todas as Polícias Civis, independentemente do ente federativo a que estejam atreladas.

O artigo consagra o dia 5 de abril como o Dia Nacional da Polícia Civil, marcando um momento de reconhecimento e celebração histórica para a instituição. Esse dia foi escolhido com base em evidências históricas detalhadas no estudo "Polícia Civil Brasileira: 1808-1889", realizado por Custódio Castelan. Após uma investigação aprofundada em registros da Biblioteca Nacional e outros arquivos históricos, Castelan identificou a data como o marco da instituição da Intendência Geral de Polícia, que já exercia funções investigativas e judiciárias similares às desempenhadas pela Polícia Civil contemporânea. Este órgão inicial era liderado por um Intendente, cujas responsabilidades e autoridades prenunciam o papel moderno de um Delegado de Polícia.

O reconhecimento dessa data não é apenas uma questão de honra e celebração da rica história da Polícia Civil, mas também uma forma de destacar o compromisso contínuo e a dedicação dos policiais civis com a segurança e a justiça pública.

A designação de um dia nacional para a Polícia Civil serve como um lembrete da importância crítica desta instituição no tecido da sociedade brasileira, desde suas origens no período colonial até sua função indispensável na atualidade. É uma data para homenagear a coragem, o profissionalismo e o sacrifício dos membros da Polícia Civil, reconhecendo seu papel insubstituível na investigação criminal, na aplicação da lei e na proteção dos cidadãos.

Enfim, o Dia Nacional da Polícia Civil reforça o laço entre a polícia e a comunidade, promovendo a apreciação e o respeito mútuos e sublinhando a responsabilidade compartilhada na construção de uma sociedade mais segura e justa.

LIMITE TEMPORAL DE ADEQUAÇÃO – VETADO

Vetado o dispositivo que pretendia conferir o caráter de obrigatoriedade às suas emanações legais, a LONPC erigiu um marco temporal, isto é, prazo razoável para que os entes federados possam ajustar a atuação de suas Policiais Civis às determinações previstas legais, determinando que:

> *Art. 48. Os Estados e, no caso da Polícia Civil do Distrito Federal, a União devem adequar-se ao disposto nesta Lei no prazo de 12 (doze) meses, sob pena de sanções na forma da lei.* ***(Vetado)***

O veto se concentrou na imposição de limites temporais ao executivo pelo legislativo, como se outros diplomas não usassem da mesma técnica para fixar a dotação do Estado no tempo[4]. En-

4. Código de Defesa do Consumidor (Lei nº 8.078, de 11 de setembro de 1990) que criou os Procon's e outros mecanismos jurídicos assim dispôs em seu artigo 119: "Este código entrará em vigor dentro de cento e oitenta dias a partir de sua publicação". O Estatuto da Cidade (Lei nº 10.257, de 10 de julho de 2001) que criou o plano diretor, deu novas perspectivas ao zoneamento urbano, entre outros, determinou, em seu artigo 53: "Esta Lei, denominada Estatuto da Cidade, estabelece normas de ordem pública e interesse social que regulam o uso da propriedade urbana em prol do bem coletivo, da segurança e do bem-estar dos cidadãos, bem como do equilíbrio ambiental. Parágrafo único. Esta Lei entra em vigor após decorridos noventa dias de sua publicação oficial". A Lei Geral de Proteção de Dados Pessoais (LGPD – Lei nº 13.709, de 14 de agosto de 2018), diante de imposições ao Poder Público e organizações privadas, assim dispôs em seu artigo 65: "Esta Lei entra em vigor após decorridos 18 (dezoito) meses de sua publicação oficial". Vale ressaltar que a aplicabilidade das sanções previstas na LGPD foi postergada para 1° de agosto de 2021, conforme a Lei nº 14.010, de 10 de junho de 2020. Por fim, somente para

tretanto, iremos comentar o dispositivo em sua redação original. Assim, foi estipulado um marco temporal de um ano para que os governos estaduais e o governo federal, este último em relação à Polícia Civil do Distrito Federal, promovam as adaptações necessárias para estarem em conformidade com as novas diretrizes estabelecidas pela referida lei.

Esse prazo de 12 meses é considerado um intervalo adequado para a realização de ajustes legais, administrativos e organizacionais exigidos pela legislação. Destaca-se que este artigo impõe obrigações claras, não se tratando de uma mera formalidade.

A menção a "**sanções na forma da lei**" sublinha a seriedade do mandato e estabelece um mecanismo de responsabilidade, garantindo que as autoridades competentes estejam motivadas a seguir as novas prescrições legislativas.

A previsão de sanções visa assegurar a efetiva implementação das normas e a plena operacionalização das disposições da Lei Orgânica dentro do prazo determinado.

É imperativo que as instituições policiais civis nos diversos estados e no Distrito Federal tomem a iniciativa de liderar o processo de reforma, formando comissões de estudo para propor adaptações normativas, as quais deverão ser encaminhadas às respectivas autoridades legislativas e executivas para formalização legal.

Essa abordagem colaborativa e proativa é essencial para a harmonização das práticas policiais civis em todo o território nacional, reforçando a uniformidade, a eficiência e a eficácia na

---

findar essa rasa ilustração, o Marco Civil da Internet (Lei nº 12.965, de 23 de abril de 2014), que determinou novos direitos ao usuário de internet, determinou em seu artigo 32: "Esta Lei entra em vigor sessenta dias após a data de sua publicação". Assim, não se sustenta o veto, ante a análise de determinações de igual teor e pelos mesmos motivos: ofertar tempo razoável para adequações necessárias do ente federativo.

prestação de serviços de segurança pública e investigação criminal conforme os novos padrões estabelecidos pela Lei Orgânica.

DISPOSIÇÕES FINAIS

A Lei Orgânica da Polícia Civil nasceu como aquela pessoa que, ao ingressar na faculdade de Direito, pretende revolucionar o mundo pelo domínio das leis. Logo adiante, se não durante o curso, mas após seus primeiros anos na atividade jurídica, percebe que a realidade se sobrepõe à normatividade e ajustes devem ser feitos, para que a abstração da norma possa realizar-se e atingir seu fim.

Do mesmo modo, nossa festejada e nascente LONPC, que não passou incólume pelas instâncias políticas, recebendo vetos que arrefeceram o frenesi inicial de sua fase legislativa.

Bem-vinda ao mundo real, no qual as leis preexistentes a aguardam, assim determinando o artigo 49 da LONPC: "**permanecem válidas as leis locais naquilo que não sejam incompatíveis com esta Lei**". Então, inicia-se toda uma liturgia de debates policiais, administrativos e judiciais para fazer valer as previsões remanescentes ao veto presidencial.

No mundo abstrato, como se fossem palavras mágicas, no artigo 50, a norma determina sua vigência: "**esta Lei entra em vigor na data de sua publicação**". No mundo real, um longo caminho de lutas dos policiais e demais setores da sociedade e Estado, haverá de ser trilhado para que não se torne letra morta, para que sua existência, como pretendia ainda em sua gestação legislativa, dignifique cada servidor a continuar servindo com zelo, dedicação e disciplina à Polícia Civil, isso a bem de toda a sociedade.

EDITORA *Jus*PODIVM
www.editorajuspodivm.com.br

RENOVA GRAF
www.renovagraf.com.br

JUS3623